BORIS HOLZER

Netzwerke

Die Beiträge der Reihe Einsichten werden durch Materialien im Internet ergänzt, die Sie unter **www.transcript-verlag.de** abrufen können. Das zu den einzelnen Titeln bereitgestellte Leserforum bietet die Möglichkeit, Kommentare und Anregungen zu veröffentlichen. Wir freuen uns auf Ihre Teilnahme!

Einen Einblick in die ersten zehn Bände der Einsichten gibt die Multi-Media-Anwendung »**Einsichten – Vielsichten**«. Neben **Textauszügen** aus jedem Band enthält die Anwendung ausführliche **Interviews** mit den Autorinnen und Autoren. Die CD-ROM ist gegen eine Schutzgebühr von 2,50 € im Buchhandel und beim Verlag erhältlich.

Bibliografische Information der Deutschen Bibliothek
Die Deutsche Bibliothek verzeichnet diese Publikation in der Deutschen Nationalbibliografie; detaillierte bibliografische Daten sind im Internet über http://dnb.ddb.de abrufbar.

© 2006 transcript Verlag, Bielefeld
Lektorat: Kai Reinhardt, Bielefeld
Korrektorat: Christine Jüchter, Paderborn
Herstellung: Justine Haida, Bielefeld
Druck: Majuskel Medienproduktion GmbH, Wetzlar
ISBN 3-89942-365-8

Gedruckt auf alterungsbeständigem Papier mit chlorfrei gebleichtem Zellstoff.

Inhalt

Netzwerke sind überall. Das gilt spätestens, seitdem das Internet die technologischen Möglichkeiten globaler Vernetzung revolutioniert hat. In populären Zeitdiagnosen wird die Gegenwartsgesellschaft folgerichtig als »Netzwerkgesellschaft« beschrieben (Castells 2000). Das trifft den Nerv einer Zeit, in der aktives ›Netzwerken‹ im privaten wie im beruflichen Alltag Pflicht zu sein scheint. Die Wissenschaftspolitik fördert und fordert interdisziplinäre Vernetzung und »Exzellenz-Cluster«, in Wirtschaftsorganisationen setzt man auf Netzwerke statt Hierarchien, und Kontakte ›pflegt‹ man längst nicht mehr nur im Außendienst. Auch dort, wo es nicht primär um zielorientiertes gemeinsames Handeln geht, zum Beispiel im Bereich der unverbindlichen Geselligkeit, kommt man ums *networking* nicht herum. Das geht beim so genannten »Speed Networking« so weit, dass das sonst eher zufällige Kontaktknüpfen bei Tagungen und Messen systematisiert und rationalisiert wird: Alle Teilnehmer werden in einem Raum mit ein paar Stehtischen versammelt und rotieren innerhalb von 30 Minuten von Tisch zu Tisch, um ihre Visitenkarten auszutauschen. Die Chance, unter den Anwesenden interessante Kontakte und Geschäftspartner zu finden, soll so maximiert werden.[1] Man gibt sich immer weniger damit zufrieden, die Entstehung von Netzwerken dem Zufall zu überlassen. In den unterschiedlichsten Bereichen wird von Individuen und Organisationen erwartet, dass Netzwerke gesucht und gepflegt werden (vgl. auch Krücken/Meier 2003). Mit dem Gefühl mitmachen zu müssen, um die richtigen Kontakte zu haben, wächst aber gleichzeitig das Misstrauen: Sind Netzwerke nicht immer auch eine Form der allzu persönlichen Einflussnahme, der Beförderung von Seilschaften, gar der Korruption? Schließlich sind Netzwerke eine ambivalente Angelegenheit in einer modernen Gesellschaft, die sich in vielen Bereichen *nicht* auf persönliche Bekanntschaft, sondern auf das Prinzip universalistischer Gleichbehandlung beruft.

Ziel dieses Bandes* ist es, diese unterschiedlichen Facetten sozialer Netzwerke zu beleuchten und Methoden zu ihrer empirischen Erforschung vorzustellen. Es geht also nicht so sehr um die Frage, inwiefern Netzwerke als ein neues Strukturmerkmal zeitgenössischer Gesellschaften verstanden werden können, sondern um den theoretischen Stellenwert und empirischen Anwendungsbereich des Netzwerkbegriffs. In der Soziologie und über sie hinaus gibt es unzählige Möglichkeiten, selektive Verbindungen zwischen Elementen als »Netzwerke« zu beschreiben: Ob die Verbindungen zwischen Personen, Organisationen oder auch Computern sozialer oder technischer Natur sind, scheint dann oft weniger wichtig und faszinierend zu sein als die strukturellen Ähnlichkeiten. Sofern diese Analogien Vergleiche ermöglichen, sind sie durchaus nützlich. Dazu muss aber klar sein, was in welchem Bereich unter einem Netzwerk zu verstehen ist. Um uns dieser Frage von Beginn an aus der Perspektive *sozialer* Netzwerke zu nähern, konzentrieren wir uns in diesem Buch zunächst auf einen Kernbereich des soziologischen Interesses an Netzwerken: auf Netzwerke als soziale Beziehungen zwischen Personen. Ausgehend von der Alltagspraxis des ›Netzwerkens‹ in persönlichen Beziehungen werden im *ersten Kapitel* Elemente eines soziologischen Netzwerkkonzepts vorgestellt. Der allgemeine Begriff des Netzwerks ist natürlich keineswegs darauf beschränkt: Soziale Netzwerke gibt es auch zwischen Gruppen, Organisationen oder Staaten. Für die Präzisierung der formalen Analyseverfahren, die im *zweiten Kapitel* im Vordergrund stehen werden, spielt die Frage, wer oder was eigentlich vernetzt wird, in der Tat nur eine untergeordnete Rolle. Im Vordergrund steht das Interesse an Mustern und Strukturen, die sich graphentheoretisch beschreiben und analysieren lassen. Zwar hat die soziologische Netzwerkanalyse in den letzten Jahrzehnten eine ganze Reihe von Konzepten entwickelt und diese in vielfältigen empirischen Forschungen umgesetzt, doch keine einheitlichen theoretischen Grundlagen gefunden. Im *dritten Kapitel* wird es darum gehen, die vorhande-

* Für hilfreiche Kommentare und ausführliche Kritik zu früheren Fassungen des Manuskripts danke ich Achim Edelmann, André Kieserling, Barbara Kuchler, Stefan Kühl und Andreas Taffertshofer.

nen Ansätze zu einer Netzwerk*theorie* zu prüfen. Die universelle Anwendbarkeit der Begrifflichkeit schlägt sich darin nieder, dass beinahe alle soziologischen Theorien etwas zum Thema Netzwerke beizutragen haben. Im Interesse einer kontrastreichen Darstellung werden drei recht unterschiedliche Protagonisten diskutiert: der aus der empirischen Netzwerkanalyse heraus entwickelte Strukturalismus, die konstruktivistische Netzwerktheorie Harrison Whites und die Systemtheorie. Zwischen und teilweise sogar innerhalb der genannten Theorien gibt es nur wenig Einigkeit über den gesellschaftlichen Stellenwert von Netzwerken. Wir werden allerdings sehen, dass es in der Beschreibung der betreffenden Phänomene durchaus Übereinstimmungen gibt. Wie auch immer Netzwerke eingeordnet werden – kaum eine soziologische Theorie kann es sich mehr leisten, das Thema zu ignorieren.

Von Netzwerken ist heutzutage häufig die Rede, wenn es um die Beschreibung von Kontaktgeschichten und -chancen geht. Die Neuheit der Terminologie sollte aber nicht darüber hinwegtäuschen, dass die zugrunde liegenden Sachverhalte keineswegs neu sind – und dass sie auch schon soziologisch beschrieben wurden. Solche Beschreibungen finden sich in jenem Bereich der Soziologie, der sich mit der Konstitution und Struktur sozialer Beziehungen beschäftigt. Trotz einiger Versuche – zu nennen sind insbesondere die Vorschläge von Georg Simmel (1958 [1908]) und Leopold von Wiese (1954) – ist eine Theorie sozialer Beziehungen über Anfänge allerdings nicht hinausgekommen. Sie konnte somit auch nicht, wie von den genannten Autoren erhofft, zur Grundlage der Soziologie schlechthin avancieren. Das mag ohnehin der falsche Anspruch gewesen sein. Aus heutiger Sicht liegt es hingegen näher, zunächst an einen Beitrag zur Mikro- und Interaktionssoziologie zu denken, als sogleich an den Dreh- und Angelpunkt einer Gesellschaftstheorie.

Auf die theoretischen Fragen werden wir im dritten Kapitel zurückkommen. Im Folgenden soll zunächst die *Praxis* sozialer Netzwerke – gewissermaßen das ›Netzwerken‹ selbst – im Vordergrund stehen. Es geht darum zu zeigen, dass Netzwerke nicht nur Gegenstand jener Art formaler Analyse sein können, die im zweiten Kapitel im Vordergrund stehen wird. Dazu müssen wir fragen, wie Netzwerke entstehen, sich reproduzieren und selbst zum Gegenstand von Strategien werden können. Um dieses recht weite Feld zu ordnen, beginnen wir mit zwei auch in der Netzwerkforschung prominenten Dimensionen sozialer Beziehungen: dem *expressivem* Gehalt, d.h. der in persönlichen Beziehungen unausweichlichen Bestätigung und Darstellung der Beziehung selbst (I/1), und dem *instrumentellen* Aspekt, d.h. der Verwendbarkeit von Kontakten, um Ziele zu erreichen (I/2). Die erste Dimension ist vor allem das Thema der Soziologie *persönlicher* Beziehungen, während die zweite in der aktuellen Diskussion meist mit dem Begriff des *Sozialkapitals* verbunden wird. An diese beiden Diskussionsstränge schließen sich Überlegungen an, wann die Aktivierung persönlicher Kontakte, des bekannten ›Vitamin B‹, zu Problemen führt, die wir dann als *Korruption* beobachten (I/3).

1. NETTE NETZWERKE: PERSÖNLICHE BEZIEHUNGEN

Das Material der Netzwerkanalyse sind soziale Beziehungen. Nicht erst in der modernen Gesellschaft verstehen wir darunter, je nach sozialem Kontext, höchst unterschiedliche Dinge: Gesellige Kontakte unter Freunden und Bekannten gehören ebenso dazu wie die Brieffreundschaft, die nie zur persönlichen Begegnung führt, oder die Beziehung unter Arbeitskollegen, die sich nicht zwischen Beruf und Privatem entscheiden kann. Der *Anlass* einer sozialen Beziehung kann in persönlicher Zuneigung, aber auch in einer durch Organisationsmitgliedschaft erzwungenen Zusammenarbeit liegen; und ihre *Dauer* kann vom Einmalkontakt mit dem Kollegen aus der Beschwerdeabteilung bis zur jahrzehntelangen Partnerschaft reichen. Der allgemeine Begriff sozialer Beziehungen als ein »aufeinander gegenseitig eingestelltes und dadurch orientiertes Sichverhalten mehrerer« (Weber 1980: 13) umfasst also den Bereich persönlicher und unpersönlicher Beziehungen und damit sowohl wiederholte als auch sporadische Kontakte.

Allerdings wäre es nicht nur im Alltag ungewöhnlich, soziale Beziehungen zwischen dem Bäcker und seinen Kunden, der Ärztin und ihren Patienten oder dem Call-Center-Angestellten und den beratungsbedürftigen Computernutzern als »Netzwerk« zu bezeichnen. Es wäre zudem soziologisch überflüssig, da für Kontakte, die kein Wissen über die konkreten beteiligten Personen erfordern, bereits bewährte Terminologien zur Verfügung stehen – wie zum Beispiel der Begriff der sozialen Rolle. Das heißt nicht etwa, dass Netzwerke nichts mit Rollenhandeln zu tun hätten. Natürlich gibt es auch Netzwerke von Wissenschaftlern, Politikern – und Bäckermeistern. Aber erst wenn sich über gelegentliche Kontakte hinaus ein mehr oder weniger *stabiles* und vor allem *erwartbares Beziehungsmuster* herauskristallisiert, beginnt üblicherweise das Interesse der Netzwerkanalyse.

Ihr Hauptaugenmerk gilt daher dem Bereich *persönlicher Beziehungen*, die sich einerseits durch eine gewisse Beständigkeit auszeichnen, andererseits aber auch dadurch, dass die wechselseitigen Erwartungen der Beteiligten nur in geringem Maße *unabhängig von der konkreten Beziehung* definiert werden können. Um zu wissen, was Herr Schmidt vom Kaufhauspersonal erwarten kann (nicht: was er konkret erwarten mag), müssen wir weder ihn noch den Verkäufer Müller kennen. Sozial relevant sind ohnehin nicht alle Erwartungen Schmidts, sondern wie Schmidt in seinen Erwartungen die Erwartungen anderer antizipiert – also *reflexive* Erwartungen im Sinne des Mead'schen »taking the role of other« (vgl. Luhmann 1984: 411ff.). Auch wenn Herr Schmidt seine Erwartungen je nach Verkaufssituation und Geschäft variiert (und zum Beispiel beim Sportwagenhändler mit einer ›persönlicheren‹ Beratung rechnet als beim Möbel-Discounter), wird er nicht davon ausgehen, dass er sein Handeln am Unterschied zwischen den Verkäufern Müller und Maier *als Personen* zu orientieren hat. Was jedoch Heinz von seinem Freund Udo erwartet und umgekehrt, ist durch die vagen Rollenerwartungen einer ›Freundschaft‹ nur sehr bedingt festgelegt. Natürlich wird Heinz von seinem besten Freund Udo andere an ihn gerichtete Erwartungen antizipieren (und bereit sein zu erfüllen) als von seinem Schulfreund Bernd. Ein »aufeinander gegenseitig eingestelltes« Handeln im Rahmen wiederholter Kontakte hängt ab von der geteilten Interaktionsgeschichte und ist schon allein deshalb nicht mehr an den stereotypisierten Rollenerwartungen orientiert.

Man kann dieses Merkmal persönlicher Beziehungen auch anders ausdrücken: Sie basieren auf *partikularistischen* Handlungsorientierungen, im Unterschied zu den unpersönlichen, also *universalistisch* definierten Erwartungskomplexen zwischen Rollenträgern. Insofern persönliche Beziehungen – zumindest in der modernen Gesellschaft – nicht von vornherein auf eine askriptive Kategorie von Personen (zum Beispiel Verwandte, Standesgleiche) beschränkt sind, könnte man sie sogar als *personalistisch* statt partikularistisch orientiert bezeichnen. Das heißt nicht, dass es keine verallgemeinerbaren Strukturmuster persönlicher Beziehungen gibt, sondern nur, dass diese stets an *Personen* gerichtete Erwartungen enthalten. Das ›Allgemeine‹ persönlicher

Beziehungen liegt darin, dass sie die Besonderheiten von Personen mitberücksichtigen. Einzelne Klassen persönlicher Beziehungen unterscheiden sich danach, wie dies geschieht und welche Aspekte von Personalität berücksichtigungsfähig sind. Um nur einige Beispiele zu nennen: In einer Liebesbeziehung mag eine Art Komplettberücksichtigung der Person möglich sein, die nicht nur ein taktvolles Antizipieren von Präferenzen, sondern auch die Rücksicht auf eine subjektive Welt inklusive aller Idiosynkrasien umfasst (Luhmann 1982). In einer Freundschaft hingegen kann zwar ebenfalls erwartet werden, dass ein Unterschied zwischen der Eigenwelt der Freunde und dem Rest markiert wird – zum Beispiel durch gemeinsam begangene Illegalitäten oder auch nur dadurch, dass bestimmte Informationen vertraulich bleiben, die Beziehung also als »terminiert« verstanden wird (Paine 1969); der Zugang zum Körper des Anderen jedoch gehört nicht zum üblichen Erwartungshorizont der Freundschaftsbeziehung. Auch unter dem Titel der »Bekanntschaften« schließlich bündelt man Erwartungen anhand von Personen, die zumindest *namentlich* bekannt sind. Doch genau darin erschöpft sich dann auch der Bereich des Erwartbaren: nämlich im »Erkennen« im Sinne reiner Identifizierbarkeit – im Unterschied zum »Kennen« einer Person auf der Basis einer geteilten Interaktionsgeschichte (Simmel 1958 [1908]: 264). Trotz der aus soziologischer Perspektive in allen Fällen persönlichen Verankerung der Beziehung ist also die Art und Weise, in der die »Form Person« (Luhmann 1995c) verwendet wird, durchaus variabel.

Die Zentralstellung persönlicher Beziehungen in der Netzwerkforschung steht in deutlichem Kontrast zu den klassischen soziologischen Theorien der Moderne, die eher deren universalistische Züge bemerkenswert fanden. Von Marx' »Charaktermasken« über Webers »Fachmenschen ohne Geist« bis zu Parsons' »Pattern Variables« dominierte hier die Ansicht, dass die Moderne an die Stelle des Partikularismus der »Gemeinschaft« den ambivalent bewerteten Universalismus der »Gesellschaft« gesetzt hat. Doch bereits bei Parsons wird diese Entwicklung nicht mehr nur als gesellschaftliche Modernisierung, sondern auch als individuelle Sozialisationsgeschichte beschrieben: Die Heranwachsenden lernen den Übergang von den partikularistischen Orientierungen innerhalb der Familie zu den universalistischen Wertmustern der Arbeitswelt und der Öffentlichkeit vor allem in der Schule, in der sie am Beispiel der Lehrer den Unterschied von Rolle und Person studieren können und mit universalistischen Bewertungsmustern konfrontiert werden (Parsons 1959; vgl. Dreeben 1980). Schon aus diesem Grund wäre es völlig verfehlt, das Verhältnis von partikularistischen und universalistischen Handlungsorientierungen als Nullsummenspiel vorzustellen. So falsch es aus moderner Sicht wäre, die Leistung des Schülers mit der Freundschaft mit seinen Eltern zu verrechnen, so unsinnig wäre es auch, in der Familie Universalismus und affektive Neutralität walten zu lassen.

Im Bereich persönlicher Beziehungen finden wir daher Handlungsorientierungen vor, die vormodernen Mustern erstaunlich ähnlich sind. Auch wenn diese in der Moderne keine Unterstützung mehr in gesamtgesellschaftlichen Strukturen finden, prägen sie weiterhin den Rahmen des mehr oder weniger privaten Alltagslebens. Dazu zählt beispielsweise die *Reziprozitätsnorm*. In segmentären Gesellschaften ist Reziprozität ein zentrales Regulativ des sozialen Lebens, das sowohl Kooperations- als auch Konfliktbeziehungen umfasst (Luhmann 1997: 649ff.). Doch in der modernen Gesellschaft wird Reziprozität im öffentlichen Leben eingeschränkt – man könnte auch sagen: ruiniert – durch die Umstellung zentraler Leistungsbereiche auf *komplementäre Leistungs- und Publikumsrollen*: Ärzte und Patienten, Politiker und Wähler, Produzenten und Konsumenten handeln auf der Basis sich wechselseitig *ergänzender* Erwartungen, die gerade nicht bedeuten, dass das Handeln der einen Seite mit einer *äquivalenten* Handlung der anderen rechnen kann.[2] Auf das reziproke Prinzip des »Wie du mir, so ich dir« wird man sich in der Regel nicht in Berufs- und Komplementärrollen berufen, sehr wohl dagegen in den privaten persönlichen Beziehungen: Angefangen bei den Minimalbedingungen reziproker Kommunikation, die das ›Einschlafen‹ der Beziehung verhindern, bis zu handfesten Hilfeleistungen (bei Umzügen, Kinderbetreuung o.Ä.) gilt hier, dass auf Vorleistungen eine äquivalente Antwort erwartet werden kann. Natürlich heißt dies gerade nicht, dass ein Äquivalententausch möglich wäre – eine ausgeglichene Bilanz wäre weder möglich noch für das Aufrechterhalten der Beziehung funktional. Vielmehr leben auf Reziprozität gegründete Beziehungen davon, dass zu jedem Zeitpunkt eine unausgeglichene Situation wechselseitiger Verpflichtung vorliegt. Kleine Geschenke erhalten bekanntlich die Freundschaft – indem sie den Zirkel von Leistung und Gegenleistung in Gang halten.

Die Geschichte derartiger Handlungssequenzen gibt den Beteiligten (und auch interessierten Dritten) Gelegenheit, ein Selektionsmuster, also so etwas wie eine Struktur der Beziehung zu beobachten. Doch inwiefern lässt sich ein Muster vergangener Ereignisse auf die Zukunft übertragen? Damit es nicht beim Registrieren der Vergangenheit bleibt, sondern daraus zukünftige Erwartungen extrapoliert werden können, muss Vertrauen mobilisiert werden. Wenn Udo damit rechnen kann, dass sein Freund Heinz ihn nicht wegen Spickens bei der Lehrerin anschwärzen wird, wird er seine Handlungen vor ihm nicht verheimlichen – er wird ihm vertrauen. Schon an diesem einfachen Beispiel wird klar, dass Vertrauen nicht einfach eine Folgerung aus der Vergangenheit ist, sondern aus den bekannten Informationen Erwartungen für eine ungewisse Zukunft extrapoliert. Wer vertraut, *riskiert* etwas, indem er das Angebot einer bestimmten Zukunft macht, die sich nicht ohne weiteres aus der gemeinsamen Vergangenheit ergibt, sondern etwas Neues enthält (Luhmann 2000 [1968]: 23f.). Vertrauen bestätigt also nicht nur die Existenz einer Beziehung, sondern ist der soziale Mechanismus, der die Brücke zwischen vergangenen Erfahrungen und einer kontingenten Zukunft schlägt.

In der Moderne kann und muss man zwischen Komplementarität und Reziprozität deutlicher unterscheiden als in tribalen Gesellschaften. Reziprozität ist keine gesellschaftliche Institution, auf die man sich in jeder Situation und gegenüber beliebigen Anderen berufen könnte. Es kommen zwar prinzipiell alle Gesellschaftsmitglieder für persönliche Beziehungen in Betracht,[3] doch die schiere Zahl potentieller Interaktionspartnerinnen und -partner, die »Redundanz der Akteure« (Colson 1978), erzwingt *Selektivität*: Man kann nicht mit jeder und jedem persönliche Beziehungen unterhalten. Die Kapazitäten, persönliches Vertrauen zu entwickeln, sind ebenso begrenzt wie die Notwendigkeit, dies zu tun. Persönliche *Netzwerke* sind dann die Form, in der sich die Selektivität der Kontakte ausdrückt, also ein Mechanismus, soziale Komplexität zu reduzieren und als Relevanz und Zugänglichkeit spezifischer Personen verfügbar zu halten. Zunächst geht es dabei nur um die Erhaltung der Beziehung selbst. Sie ist gewissermaßen ein Selbstzweck, und Reziprozität und Vertrauen werden praktiziert, um der Beziehung Ausdruck zu verleihen. Doch sind Reziprozitätserwartungen und Vertrauensvorschüsse einmal etabliert, können sie auch zur Grundlage dafür werden, dass soziale Beziehungen nicht nur *expressive*, sondern auch *instrumentelle* Bedeutung gewinnen können, also zur Erreichung bestimmter Ziele genutzt werden.

2. NÜTZLICHE NETZWERKE: SOZIALKAPITAL

In jeder Interaktionssituation bedeutet die Bestätigung einer Beziehung zunächst einmal die Bestätigung darauf bezogener Selbstdarstellungen. Ein wesentlicher Teil jeder Beziehung besteht darin, dass sie selbst in der Gegenwart inszeniert wird – von der simplen Anerkennung des Erkennens durch ein Kopfnicken bis zur feierlichen Bestätigung einer ›Blutsbrüderschaft‹. Von einer vorhandenen Beziehung ausgehend liegt es dann nahe, sie nicht nur als situativen Selbstzweck (im Sinne etwa der klassischen Geselligkeit) aufzufassen, sondern auch als Mittel für zukünftige eigene Zwecke einzusetzen. Soziale Beziehungen können so, einer mittlerweile geläufigen Terminologie folgend, zum *Sozialkapital* werden. Sie ermöglichen oder erleichtern den Zugriff auf Unterstützungs- und Hilfeleistungen sowie materielle und immaterielle Ressourcen im Kontaktnetz, erschließen also ansonsten unwahrscheinliche Handlungschancen.

En den meisten Definitionen von Sozialkapital steht der Zugang zu Ressourcen über Kontakte deutlich im Vordergrund. Für eine utilitaristische Handlungstheorie wie *Rational Choice* liegt diese instrumentelle Dimension sozialer Beziehungen auf der Hand (vgl. Coleman 1988; Lin 2001). Schon in Hobbes' »Leviathan« heißt es: »To have friends is power.« (Hobbes 1651: 54) Doch auch in anderen Theoriekontexten hat sich das Konzept eingebürgert (Portes 1998): Bourdieu zum Beispiel räumt ihm einen wichtigen Platz in seiner Kapitaltheorie ein. Neben dem kulturellen Kapital der Bildungstitel und dem klassischen ökonomischen Kapital identifiziert er das soziale Kapital als die »Gesamtheit der aktuellen und potentiellen Ressourcen, die mit dem Besitz eines dauerhaften Netzes von mehr oder weniger institutionalisierten *Beziehungen* gegenseitigen Kennens und Anerkennens verbunden sind« (Bourdieu 1983: 190f., Herv.i.O.). Im Vergleich zu den anderen Kapitalsorten fällt dabei auf, dass das Sozialkapital nicht die Verfügungsmasse einer konkreten Person (oder Firma, Bildungsinstitution etc.) sein kann. Es ist von vornherein *relational* definiert, kann also nicht von der Beziehung zwischen zwei oder mehr Beteiligten abgelöst werden (Coleman 1988: 98; Jansen 2003: 27).

Je nach dem Zweck, für dessen Realisierung Beziehungskapital in Frage kommt, variieren seine für den Erfolg entscheidenden Parameter. Kommt es darauf an, durch Vorleistungen angesammelte ›Gutschriften‹ bei anderen zu einem späteren Zeitpunkt in entsprechende Gegenleistungen umzumünzen, wird das Risiko des Vertrauensvorschusses vor allem davon abhängen, ob man den Grad an Reziprozität richtig einschätzen und Ansprüche notfalls durchsetzen kann. Je dichter das Netz gegenseitiger Verpflichtungen insgesamt ist und je mehr ausstehende Gegenleistungen ein Akteur auf sich vereinigen kann, desto eher wird er in der Lage sein, einzelne davon zu mobilisieren. Die Position des Paten in der sizilianischen Mafia ist ein gutes Beispiel dafür, wie das Sozialkapital vieler Einzelner so konzentriert werden kann, dass der »Godfather« am Ende eine Art Zentralbank darstellt, deren ›Angebote man nicht ablehnen kann‹ (vgl. Gambetta 1993). Es müssen aber nicht gleich illegale Zwecke betroffen sein. Auch für harmlosere Unternehmungen mag es von Bedeutung sein, ob man dem Vertrauen vertrauen, also damit rechnen kann, dass Vorleistungen gewürdigt werden.

Man kann dann mit Putnam (1993) fragen, inwiefern aus der Alltagspraxis persönlicher Beziehungen ein generalisiertes Vertrauen zu anderen resultiert und was dies wiederum für die Chancen riskanten Handelns bedeutet. Es führt aber in die Irre, wenn man in einer modernen Gesellschaft den Zerfall von Chancen für Reziprozität überbewertet. Wenn Freizeit nicht für den Ausbau persönlicher Beziehungen anlässlich von Kegelabenden und Grillevents genutzt wird, muss dies nicht gleich ein Krisenphänomen sein (vgl. aber Putnam 2000). Schließlich ist persönliches Vertrauen dort entbehrlich, wo es andere, mitunter erfolgssichere Wege zum Ziel gibt: Wer Geld hat, braucht anderen nicht im gleichen Maße zu vertrauen, wie dies in einer geldlosen Gesellschaft zur Sicherung des Lebensunterhalts nötig wäre (Luhmann 2000 [1968]: 66). Wir werden weiter unten (Kap. I/3) auf Bedingungen zurückkommen, unter denen die Verfügung über Sozialkapital tatsächlich die Handlungschancen in gesellschaftlich entscheidender Weise determiniert. Es wird sich dann allerdings zeigen, dass weniger die im Grunde typische Marginalisierung von Sozialkapital durch moderne Alternativen als vielmehr seine nachhaltige Unverzichtbarkeit in manchen Weltregionen als Krisensymptom zu lesen ist. Dagegen ist in der modernen Gesellschaft der Zugang zu Ressourcen und Handlungsmöglichkeiten nicht allein von persönlichen Beziehungen abhängig, auch wenn es bei ähnlichen Ausgangsbedingungen durchaus einen Unterschied machen kann, ob man gute Kontakte hat oder nicht. Es ist allerdings gar nicht so eindeutig, was ›gute‹ Kontakte eigentlich sind. Die bisherigen Überlegungen legen es nahe, vor allem an erprobte, verlässliche und sozial kontrollierte Beziehungen zu denken. Doch dies gilt nur dann, wenn wir die Effekte von Sozialkapital allein daran messen, ob es als eingesetztes Mittel ein vorher definiertes Ziel zu erreichen hilft. Die Einbettung in Netzwerkbeziehungen kann aber auch ungeplante (mitunter ungewollte) Konsequenzen haben. Beziehungen können sich gerade dann auszahlen, wenn sie eher lose sind und nur gelegentlich aktiviert werden.

Das zumindest besagt die These von der »Stärke schwacher Bindungen« (Granovetter 1973). Sie ist deshalb interessant, weil sie den Nutzen von sozialen Beziehungen nicht handlungs-, sondern gewissermaßen informationstheoretisch bestimmt. Ausgangspunkt dieser Überlegungen war eine Studie zur Stellensuche in der Stadt Boston, die drei mögliche Quellen für Informationen über offene Stellen vermutete: persönliche Kontakte, Annoncen und direkte (Initiativ-)Bewerbungen (vgl. Granovetter

1974). Nicht allzu überraschend war zunächst, dass die Mehrzahl der Befragten ihre Stelle durch die Vermittlung persönlicher Bekannter gefunden hatte. Unerwartet war dagegen das Ergebnis, dass mehr und subjektiv besser bewertete Jobs nicht auf die Empfehlung von Verwandten, guten Freunden und anderen *strong ties* hin gefunden wurden, sondern vor allem auf die *weak ties* zurückgingen. Die Stärke einer Beziehung machte Granovetter an vier Merkmalen fest: der Dauer und Frequenz der Beziehung, der emotionalen Intensität, der Intimität und dem Austausch von Leistungen. Es stellte sich heraus, dass eine erfolgreiche Jobsuche eher über Kontakte erfolgte, die anhand dieser Merkmale als ›schwach‹ einzustufen waren.

Warum die schwachen Beziehungen den starken im Hinblick auf die Informationsgewinnung überlegen sind, lässt sich mit der *Redundanz intensiver Kontakte* erklären: Wenn Person A eine starke Beziehung zu B und C unterhält, so ist es auch wahrscheinlich, dass B und C sich irgendwann treffen und miteinander bekannt werden (dies ergibt sich bereits aus der Annahme, dass zu starken Beziehungen eine höhere Interaktionsfrequenz gehört). Indem A, B und C auf diese Weise in gemeinsame Interaktionen verwickelt werden, werden aber auch ihre Erfahrungen ähnlicher. Es sinkt damit für A die Chance, von B etwas zu erfahren, das sie nicht schon von C weiß. Hinter diesen Überlegungen steht eine Annahme, die der psychologischen Balancetheorie entliehen wurde: dass (starke) Beziehungen *transitiv* sind, das heißt, dass aus den Verbindungen A–B und A–C die Beziehung B–C folgt. Mit anderen Worten: Wenn A und B sowie A und C jeweils durch starke Beziehungen verbunden sind, so ist auch zu erwarten, dass es eine Beziehung zwischen B und C gibt.[4]

Eine Konstellation, in der B und C unverbunden bleiben, ist aus diesem Grund unwahrscheinlich. Von empirisch möglichen Ausnahmen absehend bezeichnet Granovetter sie deshalb als im Prinzip »verbotene Triade«. Dies gilt jedoch *nicht*, wenn es sich – zum Beispiel zwischen A und C – um eine *schwache* Beziehung handelt. Die Chance, dass es (vermittelt über A) zur Begegnung und Bekanntschaft zwischen B und C kommt, ist dann geringer, weshalb eine Vervollständigung der Triade durch den Kontakt zwischen B und C nicht zwingend ist.

In den *weak ties* liegt deshalb der Schlüssel zu nicht redundanten, überraschenden und häufig besonders wertvollen Informationen. Wenn wir annehmen können, dass innerhalb von Gruppen, die durch starke Beziehungen integriert sind, die Redundanz der Information hoch ist, müssen Informationen, die im Sinne Batesons (1981: 582) »einen Unterschied machen«, von außerhalb kommen. Dies kann aber nur über so genannte »Brücken« geschehen, die ansonsten getrennte Regionen eines größeren Netzwerks miteinander verbinden (was umgekehrt natürlich auch heißt: trennen können, wenn sie wegfallen). In Abbildung 1 sind die vereinzelten Verbindungen zwischen den dicht vernetzten Personengruppen solche Brücken. Eine Brücke kann jedoch keine starke Beziehung sein, wenn die Transitivitätsannahme gilt. Ansonsten müsste die Beziehung zwischen der Person aus Gruppe A und der aus Gruppe D zum Beispiel mit weiteren Verbindungen zwischen den beiden Gruppen einhergehen. Nur *weak ties* können deshalb als Brücken fungieren und sind somit für den Informationsfluss zwischen Regionen eines Netzwerks von zentraler Bedeutung. Das heißt, dass das Sozialkapital von Einzelnen oder Gruppen – im Sinne möglicher Vorteile durch die Einbettung in Netzwerkbeziehungen – nicht einfach eine Funktion der Stärke und Verlässlichkeit der Kontakte ist. Sofern die Versorgung mit Informationen eine Rolle spielt, sind schwache Beziehungen entscheidender.

Die Unterscheidung von *strong* und *weak ties* projiziert ein Modell der sozialen Welt, das den Strukturen einer differenzierten Gesellschaft gut zu entsprechen scheint. Granovetters Welt sozialer Netzwerke besteht nämlich aus kleineren Zirkeln enger Freunde und Bekannter in dicht geknüpften Kontaktnetzen *(strong ties)*, die durch einzelne *weak ties* miteinander ver- und dadurch in ein größeres, aber weniger dichtes Netzwerk eingebunden sind. Die vorwiegend über *weak ties* organisierten Brücken verhindern gewissermaßen, dass ein größeres Netzwerk in verschiedene Teilgruppen oder Regionen zerfällt.

Wer als Teil einer Brücke an der Schnittstelle zwischen unterschiedlichen Gruppen steht, wird zum Vermittler (engl. *broker*). Das betrifft – wie im Fall der Jobsuche – zum Beispiel das Weiterleiten oder auch das gezielte Zurückhalten von Informationen.

Abbildung 1: Die Granovetter-Welt (nach Barabási 2002: 43)

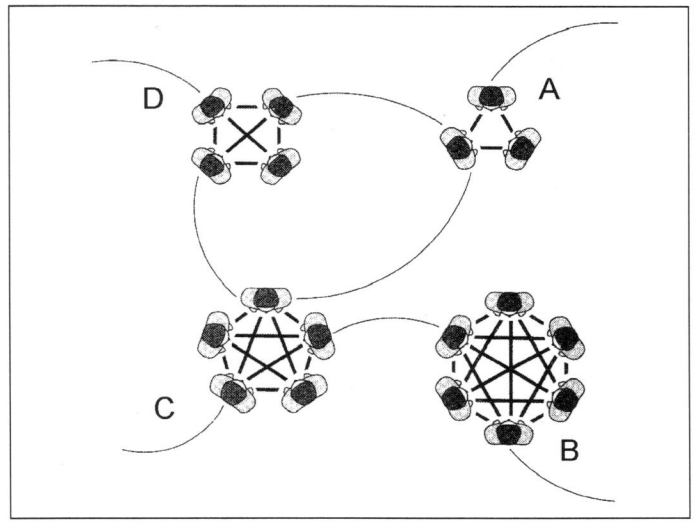

Sofern ein Vermittler den Zugang zu bestimmten Kontakten monopolisiert, kann er den Informationsfluss teilweise kontrollieren. Wenn anderen Personen bekannt ist, dass ein Broker über Kontakte zu relevanten Dritten verfügt, die sie selbst nicht haben, können sie seine Position aber auch bewusst in Anspruch nehmen.

Das berührt die interessante Frage, wann und wie *indirekte* Kontakte – die »friends of friends« (Boissevain 1974) – in Netzwerken bemüht werden. Nehmen wir einmal an, jemand aus dem Zirkel C möchte Kontakt zu einer Person der Gruppe D herstellen, zu der er bisher keine Beziehung hat und auch keine spontan herstellen kann oder möchte; er *weiß* aber, dass jemand aus seinem Freundeskreis mit der Zielperson in D bekannt ist. Zum Beispiel könnte ein Systemtheoretiker, von dem wir einmal annehmen, dass er überwiegend nur mit anderen Systemtheoretikern zu tun hat, eine Konferenz zum Thema »Netzwerke« planen. Er hat ein wenig über den Tellerrand geschaut und möchte gerne eine Expertin aus dem Kreis der Netzwerktheoretiker (D) zu der Tagung einladen. Leider ist bekannt, dass die Kollegin momentan sehr gefragt ist und deshalb Anfragen normalerweise ablehnt. Der Systemtheoretiker sucht deshalb nach einem ›Türöffner‹, um die Erfolgschancen einer Anfrage zu erhöhen. Es stellt sich heraus, dass eine seiner Kolleginnen bei der gesuchten Expertin promoviert hat (bevor sie zur Systemtheorie konvertierte). Er bittet sie also, doch einmal ›informell‹ vorzufühlen und ein gutes Wort für ihn und seine Tagung einzulegen – und siehe da, als er drei Tage später seine Einladung mit dem Verweis auf seine Kollegin abschickt, hat er wenige Stunden später eine Zusage in seiner Mailbox.

Damit es zu derartigen Verkettungen kommt, muss ein gewisses Maß an Bekanntschaft der Bekanntschaft(en) gegeben sein: Schließlich muss man über die Kontakte anderer Bescheid wissen, um auf diese überhaupt zurückgreifen zu wollen. Es geht bei dieser Form von Sozialkapital ja nicht um materielle oder andere Ressourcen, sondern allein um die Kontaktierbarkeit von Kontakten, also um *reflexive* Kontakte. Die Ressource ist der Kontakt selbst – und die durch ihn erschlossenen *weiteren* Kontaktmöglichkeiten. Doch woher weiß man um diese Möglichkeiten? Einen gewissen Grad an Wissen über die Bekannten der eigenen Bekannten kann man unterstellen. Doch allzu weit reicht es normalerweise nicht. Das lenkt die Aufmerksamkeit auf die Position des *Vermittlers*. Wenn wir in unserem Beispiel nicht voraussetzen könnten, dass der Systemtheoretiker über die Kontakte seiner Kollegin zum Kreis der Netzwerktheoretiker Bescheid weiß, würde es dieser selbst überlassen bleiben, ob sie als Vermittlerin tätig wird oder nicht.

Zwischen zwei anderen Kontakten vermitteln zu *können*, also eine *Brokerposition* zu besetzen, ist aufgrund der Informationsvorteile und möglicher Vermittlungsprämien von Vorteil (siehe hierzu auch S. 46f.). Klar ist jedoch, dass die Einschaltung des Brokers einen Umweg bedeutet. Was läge näher, als diesen einzusparen? Wenn es nicht bei einmaligen und mehr oder weniger zufälligen Vermittlungsdiensten bleiben soll, muss die Position des Brokers entweder durch grundsätzliche Kontaktsperren zwischen den durch ihn vermittelten Kontakten abgesichert sein (zum Beispiel durch Sprachbarrieren oder soziale Schranken) – oder er muss selbst dafür Sorge tragen, dass eine direkte Beziehung langfristig unwahrscheinlich bleibt. Hier taucht das zuvor erwähnte Thema der »verbotenen Triade« als Problem des Managements von Netzwerkbeziehungen wieder auf: Es handelt sich natürlich allenfalls um eine ›unwahrscheinliche‹ Triade. In manchen Fällen mag es deshalb von Bedeutung sein, Kontakte zwischen Dritten zu verhindern. Spiegelbildlich hierzu ist das *Aufspüren und Ausnutzen* von Kontaktbarrieren und -unterbrechungen in Netzwerken – von so genannten »strukturellen Löchern« (Burt 1992) – der Weg, die Position eines Brokers zu besetzen. Betrachten wir zum Beispiel die Situation in Abbildung 1, so existiert ein strukturelles Loch zwischen der Clique A und der Clique B – ein Vermittler könnte hier einspringen und Positionsvorteile erzielen.

»Sozialkapital« ist also ein Sammelbegriff für recht unterschiedliche Formen, in denen sich Netzwerkkontakte vorteilhaft auswirken können. Coleman (1988: 97) hat dies im Blick, wenn er Sozialkapital durch seine *Funktion* definiert, Handlungen zu erleichtern. Der Funktionsbegriff macht hier wie auch sonst deutlich, dass es Alternativen bzw. funktionale Äquivalente geben kann, die Ähnliches leisten bzw. dasselbe Problem lösen (vgl. Luhmann 1972). Allerdings ist fraglich, ob es eine besonders instruktive Problemformel ist, von der »Erleichterung von Handlungen« zu sprechen. Dahinter verbergen sich, wie wir gesehen haben, ganz unterschiedliche Anforderungen – je nachdem, ob es zum Beispiel um das Erreichen konkreter Handlungsziele oder die Versorgung mit Informationen geht. Im ersten Fall mag die *Geschlossenheit* des eigenen Kontaktnetzwerks wichtiger sein, also die interne Kohärenz und wechselseitige Kontrolle. Im zweiten Fall sind die *Vermittlerpositionen* an den Außengrenzen relevant.[5]

Dass die Medaille zwei Seiten hat, liegt daran, dass (persönliche) Netzwerke nicht per se funktional oder anderweitig spezifizierte Strukturen sind. Sie können zwar als Mittel zur Erreichung von Zwecken eingesetzt werden, sie entstehen in der Regel aber unabhängig davon, quasi als Nebenprodukt sozialen Handelns. Persönliche Kontakte sind ebenso Sache sozialer Selbstdarstellung wie Gegenstand zweckrationaler Strategien – und in der Gemengelage alltäglicher Motive werden beide Aspekte oft kombiniert. Aus diesem Grund sind sie allenfalls in Ausnahmefällen auf entweder rein expressive oder rein instrumentelle Variablen reduzierbar. Wer über seine persönlichen Kontakte etwas erreichen möchte, tut gut daran, sie auch zu pflegen. Und wenn man Kontakte hat, liegt es nahe, sie zu nutzen.

3. Netzwerke mit Nebenwirkungen: Korruption

Von der Einsicht, dass ein wenig Vitamin B nicht schaden kann, ist es nicht weit zur Vermutung, dass Überdosierungen durchaus problematisch sein können. Wo die Pflege und Berücksichtigung von persönlichen Kontakten übertrieben wird, ändert sich schnell die Terminologie. Aus Netzwerken und Sozialkapital werden Seilschaften, Patronage, Vetternwirtschaft und schließlich: Korruption. Durch den mitunter abrupten Wechsel der Semantik wird leicht verdeckt, dass es sich um gar nicht so weit auseinander liegende Klassen von Phänomenen handelt. Reziproke Verpflichtungen und Vertrauen (oft gekoppelt an Geheimhaltung) liegen letztlich allen Formen der Korruption zugrunde, die sich nicht in einmaligen Fällen von Vorteilsnahme und Bestechung erschöpfen. Natürlich gibt es auch ›situative Korruption‹, doch die soziologisch interessanteren und gesellschaftlich schwieriger unter Kontrolle zu bringenden Fälle betreffen die »Korruption als soziale Beziehung« (Höffling 2002).

Unter Korruption verstehen Sozialwissenschaftler das Abweichen von den formalen Pflichten einer öffentlichen Rolle, um privat orientierte, finanzielle oder sonstige Vorteile zu erreichen (Nye 1967). Korrupt ist demnach die Vermischung der Bereiche privater Interessen und öffentlicher Aufgaben. Damit diese Überkreuzung als illegitim wahrgenommen wird, müssen eine *private* und eine *öffentliche* Sphäre differenziert sein. Die Beobachtung von Korruption setzt also die »Existenz eines strukturell differenzierten und normativ regulierten Sektors mit einer Rationalität des öffentlichen Interesses [voraus]« (Smelser 1985: 211).

Aus einer differenzierungstheoretischen Perspektive kann man diesen Sachverhalt noch etwas verallgemeinern. In der modernen, funktional differenzierten Gesellschaft orientiert sich die gesellschaftliche Kommunikation an der *Sach*logik funktionaler Teilbereiche: Politische Entscheidungen werden mit politischen Rationalitätskriterien (zum Beispiel Wahlerfolgen) begründet, wirtschaftliche mit wirtschaftlichen (zum Beispiel Gewinnmargen) und religiöse mit religiösen (zum Beispiel Dogmen). Von Korruptionsfällen sprechen wir demgegenüber in Fällen, in denen beispielsweise politische Entscheidungen auf wirtschaftliche oder auch religiöse Begründungen oder Einflüsse zurückgehen – und umgekehrt. Man kann das Phänomen also symmetrisch auffassen – und nicht nur einseitig als Eindringen ›privater‹ Motive in die ›öffentliche‹ Sphäre. Dann ist es angebracht, unter Korruption eine ganze Reihe von ›Vernetzungstechniken‹ zwischen verschiedenen Systemen zu verstehen, welche der Logik funktionaler Differenzierung zuwiderlaufen (vgl. Baecker 2000; Hiller 2005).

Aus diesem Grund ist es in der modernen westlichen Gesellschaft selbstverständlich, dass Korruption als abweichend beobachtet und entsprechend geahndet wird – auch wenn das nicht heißt, es gäbe keine Korruption.[6] Das zeigt der Blick des Forschers in einschlägige Gerichtsakten (vgl. Höffling 2002) ebenso wie die gelegentliche Zeitungslektüre. Als zum Beispiel bekannt wurde, wie der Präsident des »FC Bayern München«, WM-Organisator und ›Kaiser‹ Franz Beckenbauer, einem Strafzettel wegen überhöhter Geschwindigkeit und möglicherweise einem Fahrverbot entgehen konnte, zeigten sich daran die typischen Mechanismen der Korruption: Nachdem der Bayern-Präsident an einer Baustelle geblitzt worden war, rief seine Lebensgefährtin den Fuhrparkleiter des Clubs an. Dieser setzte sich mit einem ihm bekannten Kriminalbeamten in Verbindung, der beim Fußballverein gelegentlich als Stadionordner arbeitete und seinerseits einen Freund bei der Verkehrsüberwachung aktivierte, der wiederum mit einem Bekannten beim Kreisverwaltungsreferat (KVR) Kontakt aufnahm. Nachdem der Kriminalbeamte ein Schreiben verfasst hatte, demzufolge das Fahrzeug gar nicht von Franz Beckenbauer, sondern von einem Kripomann in wichtiger Mission gesteuert worden war (der sich den Wagen vom Fußballverein ausgeliehen hatte), ließ der Sachbearbeiter beim KVR das Verfahren einstellen. Eine andere Mitarbeiterin bemerkte den Vorgang jedoch, so dass die Beteiligten sich nun vor Gericht verantworten müssen – wo unter anderem noch zu klären ist, ob es sich überhaupt um einen Einzelfall handelt. [7]

Auch wenn sich herausstellen sollte, dass ähnliche Vorfälle auf dieselbe Weise abgewickelt wurden und es tatsächlich ein funktionierendes Netzwerk zur Verhinderung der Strafverfolgung gegeben hat, spricht wenig dafür, dass korrupte Netzwerke in unseren Breiten- und Längengraden die Differenzierung zwischen privaten und öffentlichen Belangen und zwischen Funktionssystemen dauerhaft aushebeln könnten. Anders sieht das in Regionen aus, in denen partikularistische Beziehungsnetzwerke einen so hohen Stellenwert haben, dass die Korruption formaler Regeln selbstverständlicher Bestandteil des Alltagslebens ist. Stabile Formen der Korruption entstehen erst, wenn die nicht unerheblichen Hürden gegen partikularistische Strategien öfter und systematisch überwunden werden. Dies kann zum Beispiel schon dadurch gefördert werden, dass die Motivationskraft der formalen Mitgliedschaftsrolle in öffentlichen Verwaltungen und anderen Organisationen schwach ist, weil die Vergütung des Personals in vielen Ländern – insbesondere der Dritten Welt – nicht zur Deckung der Bedürfnisse ausreicht. Die bei allerlei Tauschgeschäften mitlaufende »Korruption« hat dann vor allem *redistributive* und stabilisierende Funktionen, indem sie die Gewinner der Wirtschaftsentwicklung schröpft und dieses Geld an Mitglieder der relativ benachteiligten Bevölkerungsgruppen, insbesondere an staatliche Beschäftigte und ihre Familien, weiterleitet (vgl. Merton 1957: 126-136).

Man findet nicht überall Verhältnisse, in denen sich die Nebenwirkungen von Netzwerken derart akkumulieren, dass die Struktur gesellschaftlicher Differenzierung selbst betroffen ist. Kennzeichnend ist meist eine wechselseitige Verstärkung von Misstrauen gegenüber der Leistungsfähigkeit von Organisationen und abstrakten Mechanismen wie Geld oder bürokratischer Macht einerseits und von Vertrauen in damit konkurrierende partikularistische Netzwerke andererseits. Entsprechende Phänomene werden schon lange aus Entwicklungs- und Schwellenländern berichtet (Wraith/Simpkins 1963; J.C. Scott 1969), neuerdings aber auch aus Süd- und Osteuropa (Luhmann 1995a; Rose 1998).

Die Studien Alena Ledenevas (1997, 1998) zur »blat«-Praxis in Russland zeigen besonders deutlich den Zusammenhang zwischen nachhaltiger, gesellschaftlich folgenreicher Korruption und der Netzwerkpraxis persönlicher Beziehungen. Als *blat* bezeichnet man in Russland den Gebrauch informeller Kontakte und Netzwerke zur Erlangung von Gütern und Dienstleistungen oder zur Beeinflussung von Entscheidungen. Bei genauerer Analyse der damit bezeichneten Praktiken finden sich die üblichen Merkmale von Korruption: Tauschgegenstand sind privilegierte Zugangsmöglichkeiten, die auf Kosten der Allgemeinheit und zum Zweck persönlichen Konsums gewährt werden, sowie diverse Gefälligkeiten, die eine Verletzung formaler Rollenerwartungen bedeuten; die Selbstbeschreibung bemüht die Rhetorik der freundschaftlichen Hilfe und Reziprozität. Der wichtigste Unterschied zur alltäglichen Korruption in anderen Weltregionen besteht darin, dass das Sozialkapital der *blat*-Beziehungen nicht *eine* Möglichkeit unter vielen ist, um an Ressourcen zu gelangen. Vielmehr waren sie in der Zeit der Sowjetunion – und auch noch lange danach – das *primäre* Mittel, um dort, wo der Geldmechanismus nicht funktionierte (also: praktisch überall), eigene Ziele zu erreichen. Dies aber bedeutete, offizielle Kanäle und formale Prozeduren zu umgehen.

Durch die Stabilisierung in persönlichen Beziehungen und die Distanz zu finanziellen Interessen unterscheidet sich *blat* von reiner Bestechung. In der Selbstbeschreibung der Beteiligten handelt es sich außerdem nicht um Korruption, da im Grunde legitime Ziele, wie zum Beispiel die Versorgung mit Bedarfsgütern, Erlangung von Genehmigungen etc., verfolgt werden. Das *blat*-Syndrom basiert so auf dem systematischen ›Verkennen‹ seines instrumentellen Gehalts: Es werden nach dieser Lesart nicht etwa persönliche Beziehungen zum Zweck von Tauschhandlungen aktiviert, sondern Tauschhandlungen zum Wohle persönlicher Beziehungen durchgeführt (Ledeneva 1997: 153f.). Die darin implizierte Logik der Reziprozität entspricht weniger dem Modell des rationalen Tausches als dem der »Gabe« in undifferenzierten Sozialordnungen (vgl. Mauss 1989 [1925]). Auch hier verhindert eine Logik der Praxis und eine umfängliche Semantik, dass die instrumentellen Aspekte des Gabentausches sozial wirksam werden:

Man handelt dieser Logik zum Beispiel zuwider, wollte man – wie ansonsten bei Tauschhandlungen üblich – möglichst schnell eine Gegenleistung erbringen, um ›quitt‹ zu sein (Bourdieu 1987: 193f.).

Durch *blat* konstituiert sich deshalb nicht einfach eine auf den Tausch von knappen Gütern spezialisierte informelle Ökonomie, die mit anderen Mechanismen der Regulierung von Knappheit konkurriert. Vielmehr wird die Differenzierung von ökonomisch-instrumenteller und persönlich-expressiver Dimension innerhalb der Netzwerkbeziehung und in ihrer Außendarstellung erschwert. In dieser Hinsicht ähneln die von Ledeneva geschilderten Verhältnisse jenen in China, wo die vielfältigen Formen persönlicher Beziehungen, die eine Person zu anderen unterhält, summarisch als »guanxi« bezeichnet werden.[8] Der ›Trick‹ der *guanxi*-Kommunikation liegt ebenfalls darin, dass sie in entscheidender Hinsicht ambivalent bleibt: ob nämlich Gefälligkeiten und Geschenke ausgetauscht werden, um die Beziehung zu konfirmieren und damit beiden Seiten ›Gesicht‹ (»mianzi«) zu geben, oder ob umgekehrt die Beziehung (aus-)genutzt wird, um Vorteile zu erlangen. Die Informationskomponente der Kommunikation (die Gabe oder das Tauschobjekt) legt eben nicht fest, wie deren Mitteilung durch eine konkrete Person zu verstehen ist. Reine Information lässt sich in personalisierten Beziehungen aber nicht kommunizieren. Hwang (1987) spricht bei *guanxi* deshalb von »mixed ties«: Der Beziehungsaspekt läuft bei jeder Transaktion mit und kann jederzeit zum Thema werden, zum Beispiel wenn man im Rückblick die Darstellung bevorzugt, jemanden gar nicht um eine spezielle Leistung gebeten, sondern ihm vielmehr die *Möglichkeit* gegeben zu haben, sein Interesse am Fortbestand der Beziehung durch einen geeigneten Gefallen mitzuteilen.

Für derartige Verhältnisse ist es typisch, dass zwischen Korruption und Gefälligkeiten nur schwer zu unterscheiden ist. Hier kommt zum Tragen, dass persönliche Netzwerke – wie bereits erwähnt – die Differenzierung zwischen instrumenteller und expressiver Dimension nicht erzwingen, manchmal sogar verhindern. Wo man auf persönliche Beziehungen *angewiesen* ist, zum Beispiel um an wichtige Ressourcen zu gelangen, sind freundliche Aufmerksamkeiten, Gaben und Geschenke als *Ausdruck* von

Verbundenheit kaum zu trennen von der allgegenwärtigen Erwartung, dass Beziehungen auch zur Erreichung individueller *Zwecke* in Anspruch genommen werden können. Entscheidend für die Verstetigung und Institutionalisierung korrupter Praktiken ist, dass vor diesem Hintergrund der Beginn von Korruption oft nicht zu markieren ist. Ein kleines, die Freundschaft erhaltendes oder auch erst stiftendes Geschenk kann man nicht ablehnen, ohne die Beziehung selbst zu gefährden. Wenn man das nicht möchte, muss man eine gewisse Unsicherheit, welche Gegenleistungen mit der Annahme verknüpft sein werden, in Kauf nehmen.

Es wird aber schwierig, die aus einer solchen Beziehung erwachsenden Ansprüche auf Reziprozität unter Kontrolle zu halten, wenn übliche moderne Rücksichtspflichten – zum Beispiel auf Regeln formaler Organisationsmitgliedschaft oder Rechtsnormen – keinen Rückhalt bei Dritten finden. Wer eine formale Position bekleidet, *muss* dann erwarten, dass sein Netzwerk alles Mögliche, nur keine strikte Erfüllung seiner Rollenpflichten erwartet. In dieser Situation gerät in Erklärungsnot, wer sich auf die offiziellen Regeln berufen möchte.[9] Wenn die Missachtung oder freie Interpretation formaler Regeln und Gesetze jedoch allgemein erwartet wird, entfällt die für die moderne Gesellschaft typische Schranke für Korruption: dass sie durch das Hinzutreten Dritter – also durch Öffentlichkeit – ruiniert wird. Unter diesen Umständen kommt es zu einer Art verkehrten Welt, in der ›Illegalität‹ selbst zu einer *Institution*, also zu einer unterhinterfragten Prämisse des Erwartens wird, die mit den offiziell verkündeten, formalen ›Institutionen‹ konkurriert (vgl. Holzer 2006). In der Tat besteht in mindestens einer Hinsicht ein Konkurrenzverhältnis zwischen Organisationen und ›formalen‹ Institutionen einerseits und den ›informellen‹ Institutionen von *blat-*, *guanxi-*, ›Amigo‹-, ›Old Boy‹- und anderen zur Korruption neigenden Netzwerken andererseits – und damit die Möglichkeit, das eine für das andere zu substituieren: Beide lassen sich begreifen als Mechanismen, die Verlässlichkeit und Vertrauen schaffen (Baecker 2000). Doch die paradoxe Nebenfolge von Netzwerken persönlichen Vertrauens ist, dass sie mit dem Vertrauen in konkrete Bekannte gleichzeitig das Misstrauen gegen alle anderen, nicht in das Netzwerk Inkludierten produzieren. Damit aber bleiben sie

notwendigerweise regional – auf geographische oder anders ab-
gegrenzte Bereiche – beschränkt, in denen persönliches Vertrau-
en in Interaktionen erworben und stabilisiert werden kann.

Das Vertrauen in Personen und das Wissen über die durch sie
vermittelten Ressourcen und Kontaktchancen ist also die gemeinsame Grundlage zunächst recht unterschiedlich erscheinender
Netzwerkpraktiken. Persönliche Beziehungen dienen häufig zu
nichts anderem, als den Ausdruck von Personalität zu ermöglichen; sie können aber auch zur Grundlage instrumenteller Strategien werden, die im Grenzfall das Unterlaufen offizieller Regeln
beinhalten. Mit dieser Charakterisierung ist der Kern soziologischen Interesses an Netzwerkphänomenen zwar grob umrissen.
Das Spektrum möglicher empirischer Anwendungen und theoretischer Verallgemeinerungen des Netzwerkkonzepts ist damit allerdings allenfalls angedeutet. Sie sind Gegenstand der nächsten
beiden Kapitel.

In diesem Kapitel stehen die Konzepte der empirischen Netzwerkforschung *(Social Network Analysis,* im Folgenden: *SNA)* im
Vordergrund. Erst mit der Etablierung dieses Forschungsprogramms ist es üblich geworden, die im letzten Kapitel diskutierten Phänomene unter dem Begriff sozialer »Netzwerke« zusammenzufassen. Dies geschah, indem die Interessen verschiedener
theoretischer Traditionen und Disziplinen unter dem neuen Dach
einer primär methodisch definierten »Netzwerkanalyse« kombiniert wurden. Diese Entwicklung wird im ersten Abschnitt kurz
rekonstruiert, bevor anschließend einige wichtige Konzepte und
Analyseverfahren der Netzwerkforschung vorgestellt werden. Im
dritten Abschnitt sollen zwei Beispiele deren Anwendungsmöglichkeiten illustrieren: Erstens werden anhand einer Studie zu informellen Netzwerken in Organisationen die ›klassischen‹, im
Laufe der letzten 50 Jahre entwickelten Analyseinstrumente vorgestellt; zweitens wird die Wiederentdeckung und Variation der
zuerst von Stanley Milgram durchgeführten »small world«-Expe-
rimente genutzt, um einen Einblick in die aktuelle, interdiszipli-
när und modellorientiert geführte Diskussion in der Netzwerkforschung zu geben.

1. Geschichte

Die Netzwerkanalyse in den Sozialwissenschaften hat sich als ein
Forschungsprogramm herausgebildet, das sich seit seinen An-
fängen auf zwei Traditionen stützt: zum einen auf die vielfältigen
Quellen einer ›relationalen‹, d.h. auf Beziehungen zwischen Akteuren abstellenden Sozialtheorie, zum anderen auf die formalen
Methoden der Graphentheorie, die eine mathematische Repräsentation und Analyse dieser Beziehungen erlauben.

Als die Graphentheorie Mitte des 20. Jahrhunderts für sozial-
wissenschaftliche Fragestellungen entdeckt und weiterentwickelt
wurde, gab es bereits eine ganze Reihe von Vorläufern des netzwerkanalytischen Denkens in der Soziologie, Sozialpsychologie
und Sozialanthropologie. An erster Stelle sind – wie bereits er-

wähnt – Simmel (1958 [1908]) und von Wiese (1954) zu nennen, die sich für die Analyse von *Formen* der Vergesellschaftung interessierten. Simmels Überlegungen zur »quantitativen Bestimmtheit der Gruppe« (1958 [1908]: 32ff.) und zur »Kreuzung sozialer Kreise« (ebd.: 305ff.) sind Beispiele für den Versuch, die Einbettung von Individuen in soziale Beziehungen zu einem eigenständigen Gegenstand soziologischer Untersuchung zu machen. Im englischen Sprachraum, in dem sich die weitere Entwicklung der Netzwerkanalyse abspielte, wurden diese Vorarbeiten jedoch lange Zeit nicht rezipiert und erst spät systematischer ausgewertet (vgl. López/Scott 2000: 48ff.; Hollstein 2001: 60ff.).

Vor dieser Rückbesinnung auf soziologische Vorläufer bestimmten vor allem sozialpsychologische und sozialanthropologische Interessen die Entwicklung der Netzwerkforschung und -analyse.[10] In der *Sozialpsychologie* entwickelte Jacob Levys Moreno die »Soziometrie«, die Gruppenstrukturen – zum Beispiel in Form von Sympathiewerten – deskriptiv erfasste (Moreno 1934). Auf solche Einstellungen zu anderen Personen konzentrierte sich auch Fritz Heiders »Balancetheorie« (Heider 1946). Seine Idee, dass Beziehungen innerhalb einer Triade kognitiv balanciert sein müssen, also eine positive Beziehung zwischen A und B sowie B und C auch eine positive Beziehung zwischen B und C bedingt (vgl. Kap. I/2), wurde von Cartwright/Harary (1956) graphentheoretisch weiterentwickelt und von Newcomb (1961) in einer empirischen Studie über Freundschaften unter Studierenden angewandt; der dabei produzierte Datensatz wurde seitdem unzählige Male re-analysiert (vgl. Trappmann et al. 2005). Zu den sozialpsychologischen Vorläufern zählt auch Kurt Lewins »Feldtheorie« (Lewin 1951) – wobei das »Feld« bei Lewin allerdings psychologisch, als individuell konstruierter »Lebensraum« gedacht war.

Doch diese Ansätze wurden zunächst nicht in Richtung eines erkennbaren Forschungsprogramms weiterentwickelt. Im engeren Sinne soziologische Fragen wurden ohnehin nur vereinzelt behandelt. Die Strukturen von Kleingruppen in Arbeitsorganisationen waren beispielsweise Gegenstand der Hawthorne-Studien in den 1930er Jahren, die später von George Homans erneut ausgewertet wurden. Nur selten versuchte man, große Netzwerke zu analysieren: So untersuchte eine Forschergruppe um James Coleman den Einfluss der sozialen Netzwerke von Ärzten auf die Einführung und Diffusion eines neuen Medikaments (Coleman et al. 1957), und Anatol Rapoport entwickelte eine Reihe mathematischer Modelle für den Informationsfluss in Netzwerken (Rapoport 1957; Rapoport/Horvath 1961). Diese Studien blieben aber isoliert. Die Periode bis zum Ende der sechziger Jahre des 20. Jahrhunderts bezeichnet Freeman (2004) deshalb als die »dark ages« der Netzwerkanalyse, in der sich die vielfältigen Aktivitäten nicht zu einem integrierten Forschungsprogramm ergänzten.

Es mangelte in dieser Zeit also nicht an Forschungsaktivitäten, sondern an der Möglichkeit, diese so aufeinander beziehen zu können, dass ein Forschungsprogramm oder ›Paradigma‹ der Netzwerkanalyse erkennbar geworden wäre. Das lag nicht zuletzt daran, dass sich der Begriff des »Netzwerks« als kleinster gemeinsamer Nenner für die Forschungsinteressen der unterschiedlichen Disziplinen noch nicht durchgesetzt hatte – zumindest in Amerika. Im gleichen Zeitraum nämlich etablierte sich die Netzwerkperspektive auch in der britischen *Sozialanthropologie*. An der Manchester University und an der London School of Economics arbeitete eine Reihe von Forschern an Alternativen zum normativen Paradigma des Strukturfunktionalismus. Ausgehend von Radcliffe-Brown (1940), der den Begriff des Netzwerkes ins Spiel gebracht hatte, wurde das Interesse an den Strukturen sozialer Gruppen von Gluckman (1955) und Nadel (1957) fortgeführt und in empirische Studien umgesetzt: Barnes (1954) zum Beispiel untersuchte eine norwegische Gemeinde, Bott (1957) die sozialen Netzwerke von englischen Ehepaaren und Kapferer (1969) Konflikte unter Minenarbeitern in Zambia (damals Nord-Rhodesien). Diese Ansätze wurden mit graphentheoretischen Konzepten angereichert, woraus erste Präzisierungen des Netzwerkbegriffs gewonnen wurden (Barnes 1969; Mitchell 1969).

Damit war die erste Voraussetzung gegeben, die bisher reichlich verstreuten Interessen an sozialen Beziehungen, Soziogrammen, Netzen usw. begrifflich zu bündeln. Wie Molières »Bourgeois Gentilhomme«, der überrascht feststellt, dass er seit mehr als 40 Jahren Prosa spricht, ohne es zu wissen, mussten die Pioniere der Netzwerkforschung gewissermaßen erst darüber aufgeklärt werden, dass *Netzwerke* schon immer ihr Thema waren (Kadushin 2005). Dies war natürlich nicht nur eine Sache der Terminologie. Entscheidend war, dass sich die Netzwerkforschung zunehmend organisierte. Zum einen bildeten sich institutionelle Zentren heraus, darunter vor allem das der »Strukturalisten« um Harrison White an der Harvard University, aber auch ein kleineres um Linton Freeman an der University of California in Irvine. Zum anderen wurde das Feld der Netzwerkforscher selbst systematisch vernetzt, indem Barry Wellman, ein Student Whites in Harvard, 1978 das »International Network for Social Network Analysis« (INSNA) gründete. Wellman hatte dabei die wissenschaftssoziologische Re-

Abbildung 2: Entwicklung der Netzwerkanalyse
(angelehnt an J. Scott 1991: 7)

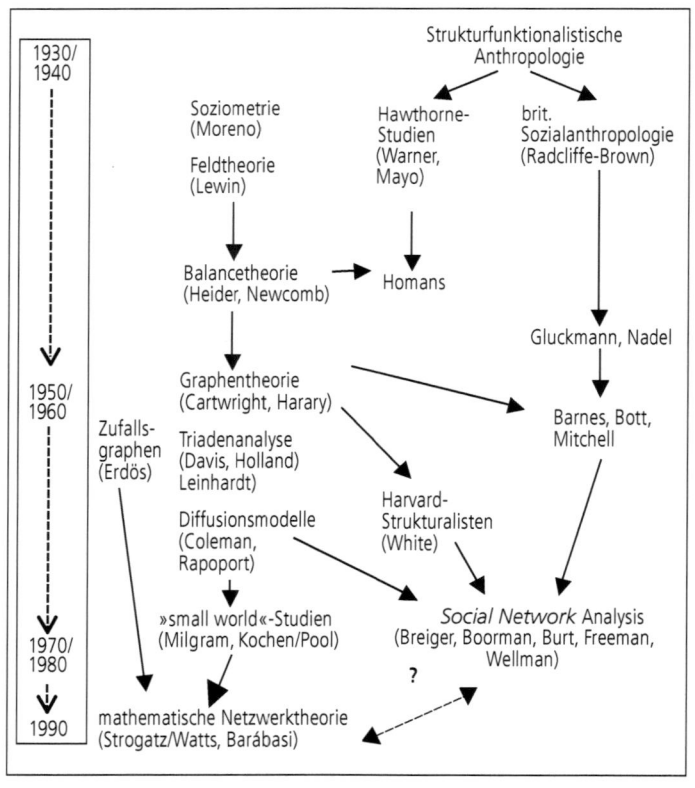

zeption des Paradigma-Konzepts (Kuhn 1976) vor Augen, die Zusammenhänge zwischen den kognitiven (Wissens-) und den sozialen (Gruppen-)Strukturen der Wissenschaft unterstellte. Vor
diesem Hintergrund beschloss er, dass ein Netzwerkparadigma
»some organizing« benötige (Freeman 2004: 148). Die INSNA
hat seitdem mit seinen Zeitschriften und jährlichen Konferenzen
viel dazu beigetragen, das Netzwerk der Netzwerkforscher leichter
zugänglich zu machen.

Die damit eingeleitete Konsolidierung der *Social Network Analysis* (SNA) zu einem Forschungsprogramm führte allerdings
nicht zu einer eigenständigen Theorie. Für die Integration des
Felds erwies es sich als durchaus ausreichend, vier Merkmale
verbindlich zu machen: eine »strukturelle Intuition«, das syste-
matische Sammeln relationaler Daten, graphische Darstellungen
und mathematische Modelle (Freeman 2004). In diesen Prämissen spiegelt sich die anfangs erwähnte Kombination einer relationalen Perspektive mit formalen Methoden wider. Es ist treffend,
wenn Freeman dort, wo man Theorie erwarten könnte, lediglich
von einer »Intuition« spricht. Nach wie vor spielen graphenetheo-
retische Konzepte und forschungspragmatische Probleme eine
größere Rolle als die Entwicklung und Präzisierung theoretischer
Fragen.

Gerade von Seiten der mathematischen Modellierung erfuhr
die Netzwerkanalyse in den letzten Jahren im Wortsinne eine Re-
naissance: Zunächst weitgehend unabhängig von der Tradition
der sozialen Netzwerkanalyse hatten Physiker und Mathematiker
das Thema für sich neu entdeckt. Ausgehend von Forschungen,
die sich unter anderem mit spontanen Synchronisationsphäno-
menen beschäftigten, begannen sich Physiker wie Steve Strogatz
und Duncan Watts für die Konnektivität und Dynamik von Netzwerken zu interessieren (Watts/Strogatz 1998). Sie benutzten
Konstrukte der neueren Graphentheorie, insbesondere die von
Erdös/Rényi (1959) beschriebenen Zufallsgraphen. Über die
Wiederentdeckung des so genannten »small world«-Experiments
von Stanley Milgram (1967), das sich ebenfalls mit der Frage der
Konnektivität in großen Netzwerken beschäftigte, spielten sie ihre
Überlegungen in die Soziologie zurück. Damit stießen sie und
eine weitere Gruppe von Physikern und Mathematikern um Al-

bert-László Barabási (2002) eine Lawine neuer Publikationen an, die sich teilweise zwar auf soziale Phänomene bezog, aber zunächst nicht an die empirische Netzwerkforschung der SNA anschloss.

Bevor wir auf diese neueren Entwicklungen zurückkommen, sollen im Folgenden einige typische Konzepte der soziologischen Netzwerkforschung vorgestellt werden. Dabei geht es um einen knappen Überblick, bei dem weder die zahlreichen Varianten bestimmter Maßzahlen noch ihre Berechnung anhand von praktischen Übungen im Vordergrund stehen. Im Anschluss an diese Darstellung werden einige der Konzepte anhand von Studien aus der ›Werkstatt‹ der Netzwerkanalyse aufgegriffen und ihre soziologische Interpretation erläutert.

2. Konzepte

Die formalen Methoden der Netzwerkanalyse sind daher immer dann anwendbar, wenn eine Menge von Elementen von den zwischen ihnen bestehenden Beziehungen unterschieden werden kann. Auf dieser allgemeinen Ebene bestehen nur geringe Unterschiede zwischen Anwendungen, die sich auf Personen, Organisationen oder beispielsweise Staaten beziehen. Die Beziehungen zwischen beliebigen Elementen lassen sich in Form eines *Graphen* mit einer abgegrenzten Menge von *Knoten* (engl. *nodes* oder *vertices*) und den zwischen diesen verlaufenden *Kanten* (engl. *edges* oder *arcs*) darstellen. Ein Netzwerk beinhaltet darüber hinaus häufig Attribute, die einzelne Knoten und Kanten näher charakterisieren (zum Beispiel Namen oder Kategorisierungen der Akteure bzw. Maßzahlen für die Stärke oder Frequenz der Verbindungen, siehe unten).

Für komplexere Analysen lässt sich die graphentheoretische Repräsentation kombinieren mit soziometrischen und algebraischen Verfahren, die insbesondere die Manipulation der Daten vereinfachen.[II] Ausgangspunkt der meisten formalen Analysen ist die *Soziomatrix*: eine tabellarische Auflistung der Knoten und ihrer Beziehungen. Das folgende Beispiel illustriert, wie ein Netzwerk sowohl als Graph als auch als Matrix repräsentiert werden kann. Betrachtet wird ein kleines Netzwerk von vier Personen: Person A ist nur mit B befreundet, diese wiederum mit C und D; Person C unterhält freundschaftliche Beziehungen zu D und B, nicht aber zu A; niemand mag Person E. Graph und zugehörige Soziomatrix dieses Netzwerks sehen wie folgt aus:

Abbildung 3: Beispielgraph

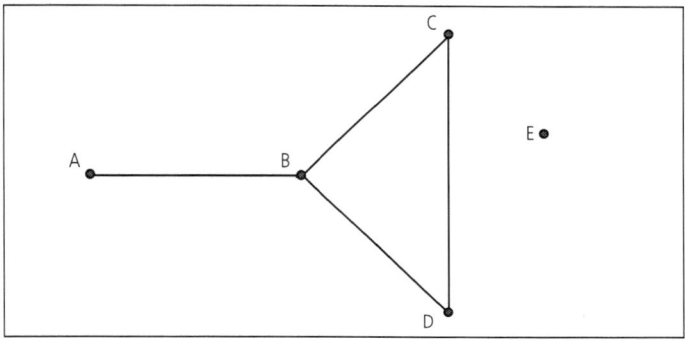

Tabelle 1: Beispiel einer Soziomatrix

	A	B	C	D	E
A	·	1	0	0	0
B	1	·	1	1	0
C	0	1	·	1	0
D	0	1	1	·	0
E	0	0	0	0	·

Die Freundschaftsbeziehungen, die im Graphen durch durchgezogene Linien dargestellt werden, sind in der Matrix durch eine 1 bezeichnet. Wir gehen in diesem Beispiel von *symmetrischen Beziehungen* aus, bei denen die Richtung der Beziehung keine Rolle spielt. Wir nehmen also an: Wenn A mit B befreundet ist, gilt dies auch umgekehrt. In der Matrix ist dies daran erkennbar, dass alle Werte entlang der Hauptdiagonale gespiegelt sind. Würden wir dagegen von *asymmetrischen*, also nicht unbedingt beidseitigen Beziehungen ausgehen, so müsste die Matrix gegebenenfalls unterschiedliche Werte für die Paarungen (A,C) und (C,A) enthalten.

Außerdem gibt es in diesem Beispiel keine *reflexiven Beziehungen* eines Knotens zu sich selbst, was die fehlenden Werte (»-«) in der Hauptdiagonale begründet – niemand ist schließlich nicht mit sich selbst befreundet.

Die Erhebung von Netzwerkdaten kann sich auf die mehr oder weniger direkte *Beobachtung* von Netzwerkbeziehungen stützen oder auf *Auskünfte und Informationen* (Burt 1983c, 1983b). In der ersten Variante versucht man, ›Verhaltensdaten‹ über Beziehungen zu erheben: Man kann zum Beispiel festhalten, wer mit wem kommuniziert oder welche Wissenschaftler zusammen einen Aufsatz veröffentlichen. Ob Beziehungen damit adäquat erfasst werden können, hängt von der Wahl einer geeigneten Episode und der Interpretation der Ereignisse ab. Anders verhält es sich hingegen, wenn man keine Verhaltensdaten zur Verfügung hat, sondern sich auf die ›Selbstauskünfte‹ von Informanten verlassen muss. Die direkte Frage nach Kontaktbeziehungen ist nicht immer ein verlässliches Instrument. Wenn man von ›behaupteten‹ auf ›tatsächliche‹ Beziehungen schließt, begegnet man einem alten Problem der Umfrageforschung: inwieweit Einstellungsdaten Rückschlüsse auf tatsächliches Verhalten erlauben. Insofern sich Auskünfte über Beziehungen überhaupt überprüfen lassen, kommen Forscher regelmäßig zu dem Ergebnis, dass Informanten unzuverlässig sind. So resümieren Bernard et al. nach einer Übersicht über einschlägige Forschungsergebnisse: »[W]hat people say [...] bears no resemblance to their behavior.« (Bernard et al. 1982: 63; siehe auch Bernard et al. 1984) Ob dies eine wesentliche Einschränkung für die Analyse von Netzwerkdaten bedeutet, hängt jedoch vom Untersuchungsgegenstand ab. Sofern es weniger um die genaue Wiedergabe der Häufigkeit und Intensität von Beziehungen geht, sondern um besonders regelmäßige und typische Interaktionen, sind Informantenauskünfte durchaus verlässlich (Freeman et al. 1987).

Ob Beobachtung oder Befragung, in jedem Fall muss bei der Erhebung von Netzwerkdaten der Untersuchungsgegenstand klar abgegrenzt werden (vgl. Jansen 2003: 71ff.; Wasserman/Faust 1994: 30ff.). Anders als in der Umfrageforschung wird in der Netzwerkforschung oft auf Stichproben verzichtet. Eine Stichprobenziehung aus einer Population nach dem Zufallsverfahren kann beispielsweise dann sinnvoll sein, wenn man so genannte *ego-zentrierte Netzwerke*, also die direkten Netzwerkbeziehungen einzelner Personen erhebt, um Durchschnittswerte wie Zahl und Diversität der Kontakte zu bestimmen.[12] Ist man aber an Gesamtnetzwerken interessiert, wird man eine *Vollerhebung* anstreben. Insbesondere bei überschaubaren Forschungsobjekten wie zum Beispiel einem Freundeskreis oder einer Organisation ist dies ohne größere Einschränkungen möglich, weil die Abgrenzung des Netzwerks relativ klar ist (Jansen 2002: 99). Dies ist schwieriger in jenen Fällen, in denen die Population sehr groß oder gänzlich unbekannt ist. Die Frage, wer zum Netzwerk gehört und wer nicht, muss dann entweder ›nominalistisch‹, also durch eine entsprechende Festlegung des Beobachtungsinteresses, oder durch ›realistische‹ Zugehörigkeitskriterien, die dem Feld selbst entnommen sind, beantwortet werden (Laumann et al. 1983).

Die Bestimmung der in Frage kommenden Einheiten oder Elemente ist die erste nötige Abgrenzung. Die zweite betrifft die interessierenden Relationen. Hier ist es nicht nur wichtig zu wissen, welche Beziehungen erhoben werden, sondern auch, wie diese zu messen und inhaltlich zu interpretieren sind. Es muss beispielsweise geklärt werden, ob es sich um symmetrische oder asymmetrische Relationen handelt und ob – bei einer Erhebung durch eine Befragung – eine Relation übereinstimmend von beiden Beteiligten festgestellt werden muss. Darüber hinaus kann es sinnvoll sein, nicht nur *binäre* Relationen (vorhanden oder nicht) zuzulassen. In manchen Fällen bieten sich *ordinale* Rangskalen an, um die Intensität der Relationen qualitativ wiederzugeben, oder auch *metrische* Skalen, sofern die Relationen exakt quantifiziert werden können. Falls bestimmte Analyseverfahren von binären Merkmalen ausgehen, können höher skalierte Daten später problemlos durch die Definition eines Schwellenwerts dichotomisiert werden.

Manche Eigenschaften eines Netzwerks und einzelner Knoten lassen sich ohne weitere Berechnung sowohl am Graphen als auch an der Matrix ablesen. So ist beispielsweise die Isolation des Knoten E im Beispielgraph aus Abbildung 3 leicht ersichtlich; in der zugehörigen Soziomatrix drückt sie sich darin aus, dass die Summe aller Spalteneinträge in der Zeile E gleich Null ist. Nicht immer ist die Situation so übersichtlich. Für komplizierte Fälle gibt es jedoch eine Reihe leicht handhabbarer Berechnungsverfahren, die Eigenschaften einzelner Knoten oder des gesamten Netzwerks zu erfassen erlauben.

Elementare Kennzeichen eines Netzwerks sind die Zahl der Elemente (N) und der möglichen Relationen. In einem asymmetrischen Netzwerk kann es N(N-1) verschiedene Relationen geben, in einem symmetrischen halb so viele. Die *Dichte* eines Netzwerks gibt dann das Verhältnis zwischen den tatsächlich *realisierten* und den *möglichen* Beziehungen an; sie ist also ein Maß für die Selektivität des Netzwerks. Auch wenn es in unserem Beispiel (Abb. 3) mit fünf Personen sicherlich noch denkbar wäre, dass jeder mit jedem befreundet wäre, sind nur vier von zehn möglichen Beziehungen vorhanden. Das Netzwerk realisiert nur einen Teil der möglichen Beziehungen; seine Dichte, berechnet aus der Zahl tatsächlicher geteilt durch die möglichen Beziehungen, beträgt somit 0,4.

Das Dichtemaß ist ein Beispiel für eine Reihe von Maßzahlen, die in einfachen Fällen per Hand, in der Regel aber mit Hilfe entsprechender Programme, wie zum Beispiel UCINET (Borgatti et al. 2002) oder »Pajek« (Batagelj/Mrvar 1998), berechnet werden können. Im Folgenden betrachten wir zwei Gruppen von Maßzahlen und Analyseverfahren, die auf sehr unterschiedliche Netzwerke angewandt werden können und in der soziologischen Netzwerkanalyse häufig zum Einsatz kommen. Sie geben einerseits Aufschluss über *Positionen* im Netzwerk, zum Beispiel über zentrale und in diesem Sinne ›wichtige‹ Knoten, und dienen andererseits zur Identifikation von *Teilgruppen*, die sich beispielsweise durch eine hohe interne Verbundenheit auszeichnen.

Wer ist wichtig? Zentralität und Vermittlung

Eine erste Hinsicht, in der Netzwerke analysiert werden können, ist die Position einzelner Knoten. Unabhängig davon, ob es sich um Informationsflüsse, Freundschafts- oder Zitationsnetzwerke handelt, ist die Verbundenheit mit anderen Knoten ein Indikator der relativen Wichtigkeit bzw. *Zentralität* eines Knotens. Was mit

Zentralität im Netzwerk gemeint ist, zeigt am deutlichsten der ›Stern‹ in Abbildung 4a: Knoten A ist zentral, weil er als einziger mit allen anderen Knoten verbunden ist. Ginge es in diesem Netzwerk beispielsweise um den Austausch von Ressourcen, könnten alle anderen Knoten nur vermittelt über A miteinander in Kontakt treten. Aber wie sieht es in den anderen Fällen aus? Sind im ›Ring‹ (Abb. 4b) alle Knoten gleich zentral? Oder in welchem Sinne sind die Positionen am Ende der ›Linie‹ (Abb. 4c) weniger zentral?

Abbildung 4a-c: Stern-, Ring- und Liniengraph

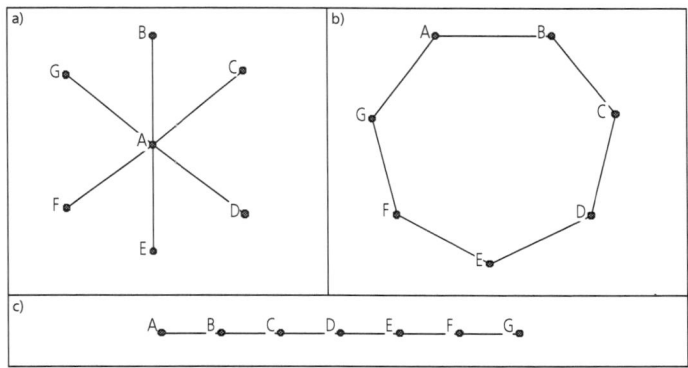

Die Tatsache, dass Knoten A im ›Stern‹-Netzwerk eine besonders klar erkennbare Zentralstellung einnimmt, liegt daran, dass in diesem Fall mehrere Kriterien von »Zentralität« konvergieren, die nicht immer zusammenfallen und deshalb auch getrennt analysiert werden können:

Erstens ist der Knoten A in dem Sinne zentral, dass er die meisten Verbindungen auf sich vereinigt. Er hat die besten Kontaktmöglichkeiten und damit auch die meisten Alternativen: Wenn B nicht das hat, was A gerne möchte, kann A sich immer noch an einen der fünf anderen Knoten wenden. Diese Möglichkeit hat keiner der anderen Knoten, die in diesem Sinne von A ›abhängig‹ sind. Eine intuitive Möglichkeit, diese Form der Zentralität zu messen, ist die *Zahl der Verbindungen (Kanten)* pro Knoten. Man nennt diese einfache Eigenschaft eines Knotens seinen *Grad (De-*

gree). Im ›Ring‹ haben alle Knoten den gleichen *Degree*, nämlich zwei Kanten. In der ›Linie‹ haben die beiden äußeren Knoten, A und G, jeweils den Grad eins, die anderen den Grad zwei. Gemessen an ihrer *Degree-Zentralität* gibt es dort also zwei Klassen von Knoten. Ziehen wir jedoch weitere Kriterien hinzu, lassen sich die Positionen Knoten B, C, D, E, und F weiter differenzieren.

Ein *zweites* Kriterium von Zentralität kann man darin sehen, wie *nah* ein Knoten den anderen Knoten im Netzwerk ist. Vor diesem Hintergrund ist Knoten D auf der ›Linie‹ zum Beispiel zentraler als C oder E, da er alle anderen in maximal drei Schritten erreichen kann. Im ›Stern‹ gilt wiederum, dass A als einziger nur einen Schritt von den anderen entfernt ist; die Knoten B bis G hingegen sind jeweils von allen anderen bis auf A zwei Schritte entfernt. Der ›Ring‹ ist auch im Hinblick auf die Nähe zu anderen egalitär, da zwar jeder Knoten andere Nachbarn hat, das Muster der Verteilung aber für alle gleich ist.

Drittens schließlich hängt die Wichtigkeit eines Knotens davon ab, wie oft er auf den kürzesten Wegen *zwischen* anderen liegt. Im ›Stern‹ liegt der Knoten A zwischen jeder anderen Paarung von zwei Knoten. Weder B noch einer der anderen Knoten steht mit einem anderen direkt in Kontakt, während A mit allen direkt verbunden ist. Während sich die Positionen auf dem ›Ring‹ auch in dieser Hinsicht strukturell nicht unterscheiden, ist es auf der ›Linie‹ erneut von Vorteil, in der Mitte positioniert zu sein: Über D verlaufen deutlich mehr Pfade von einem Knoten zu einem anderen als über B.

Die drei Aspekte von Zentralität müssen also nicht immer so hoch korrelieren wie in einem ›Stern‹-Netzwerk. Die Unterschiede zwischen Kantenzahl, Nähe und ›Dazwischen-Stehen‹ sind in einem komplexeren Netzwerk – wie in Abbildung 5 – bedeutsamer. Es ist dann schwieriger zu bestimmen, welche Knoten ›wichtig‹ sind.

Den *Degree* der einzelnen Knoten erhält man in *symmetrischen* Matrizen wie in unserem Beispiel, in denen es nicht auf die Richtung der Beziehungen ankommt, durch das Abzählen der Kanten im Graphen bzw. durch die Aufsummierung der Spalten- oder Zeilenwerte in der Soziomatrix: Knoten C hat beispielsweise den Grad sechs, G den Grad fünf und H den Grad drei. Bei *asymmetri-*

Abbildung 5: Beispielgraph Zentralitätsmaße

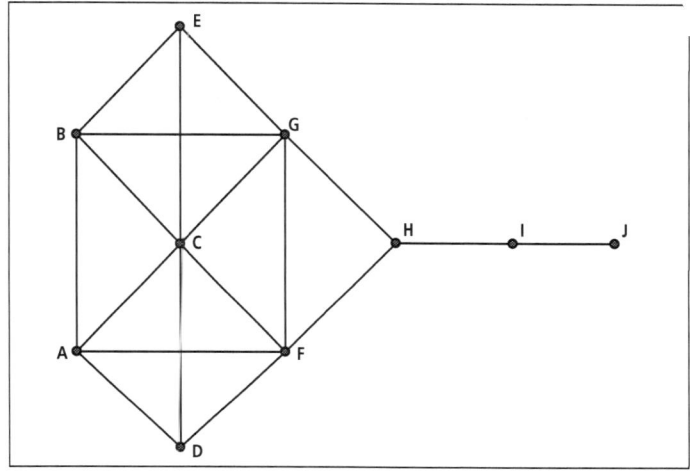

schen Beziehungen müsste man hingegen zwischen ausgehenden und eingehenden Beziehungen und zwei Formen der *Degree*-Zentralität unterscheiden. Betrachtete man zum Beispiel die Verweisungsstruktur wissenschaftlicher Zitate als ein Netzwerk, hätte man es mit gerichteten Beziehungen zu tun: Zitiert zu werden ist etwas anderes, als selbst jemanden zu zitieren. Wenn Wissenschaftler A die Wissenschaftlerin B zitiert, heißt dies schließlich nicht zwingend, dass B auch A zitiert. In diesem Fall ergeben sich deshalb zwei Möglichkeiten, den *Degree* zu berechnen: entweder anhand der von einem Akteur ausgehenden Beziehungen (›wen zitiert A‹) oder anhand der an einen Akteur gerichteten Beziehungen (›von wem wird A zitiert‹). Man spricht dementsprechend vom *Outdegree* bzw. *Indegree*. Der *Indegree* in gerichteten Netzwerken kann spezifischer als ein ›Prestigemaß‹ interpretiert werden, da er in gewisser Weise die Beliebtheit eines Knotens widerspiegelt.

Der Maximalwert des *Degree* hängt von der Anzahl möglicher Kontakte und damit von der Größe des Netzwerks ab. Die Gradwerte aus Abbildung 5 wären deshalb nur schwer zu vergleichen mit denen des »Sterns« aus unserem vorherigen Beispiel, das sehr viel weniger Knoten enthielt. Um diesen Effekt zu neutrali-

an den Grad jedes Knotens ins Verhältnis zum
hen Wert, um die *standardisierte Degree-Zentralität*
erinnern uns: Bei N Knoten kann jeder Knoten
ziehungen zu anderen haben – im Beispiel also
höchstens neun. Die standardisierte *Degree*-Zentralität des Knotens H beträgt demnach 3/9=0,33; die entsprechenden Werte für
C bzw. G lauten 0,67 bzw. 0,56.

Die *Degree*-Zentralität ist, wie wir gesehen haben, jedoch nicht
der einzige Maßstab für die Wichtigkeit eines Knotens – und
auch nicht immer aussagekräftig. Da lediglich die Verbindungen
zu unmittelbaren Nachbarn Berücksichtigung finden, werden *local heroes* mit vielen Nachbarbeziehungen als zentraler gewertet
als Akteure, die sich an *kritischen* Stellen des Informationsflusses
befinden. Die *Degree*-Zentralität ist deshalb kein guter Indikator
für den Einfluss im Gesamtnetzwerk, wenn ein Akteur zwar viele,
aber redundante Beziehungen unterhält. Die zuvor erwähnten
alternativen Kriterien der *Nähe* und der *Zwischenposition* werden
durch die *Closeness*- bzw. *Betweenness*-Zentralität erfasst (Freeman
1979).

Für die *Closeness*-Zentralität berechnet man die durchschnittliche Pfaddistanz eines Knotens zu allen anderen erreichbaren
Knoten des Netzwerks, indem man zunächst die jeweils kürzesten Pfaddistanzen dieses Knotens zu allen anderen addiert. Auf
diese Weise kommt man für unser Beispiel zu dem Ergebnis,
dass H insgesamt 15 Schritte vom Rest des Netzwerks entfernt ist,
C ebenfalls 15 und G 14 – J dagegen 29. Von dieser Summe (der
Farness eines Knotens) nimmt man anschließend den Kehrwert,
damit sich im Durchschnitt kürzere Distanzen in einem höheren
Closeness-Wert ausdrücken.[13] Nach dieser Formel ist der maximale Wert auf $1/(n-1)$ beschränkt. Dieses Maximum wird erreicht,
wenn ein Akteur alle anderen in genau einem Schritt erreichen
kann, d.h. die Summe seiner Pfaddistanzen gleich n-1 ist. Um zu
erreichen, dass die Maßzahl immer zwischen 0 und 1 liegt, muss
man sie noch standardisieren, indem man sie mit n-1 multipli-
ziert. Ist ein Knoten mit allen anderen direkt verbunden, erreicht
die standardisierte *Closeness*-Zentralität dann ihren Maximalwert
von 1. Für die Knoten G und J ergeben sich die Werte 0,64 bzw.
0,31 – G ist also deutlich ›näher‹ am Rest des Netzwerks als J.

Während C also der Knoten mit der höchsten *Degree*-Zentralität ist – als ›Star‹ mit sechs direkten Verbindungen im Zentrum einer Sternkonfiguration –, haben die Knoten F und G die höchsten *Closeness*-Werte, denn von ihnen aus sind die anderen Knoten des Netzwerks am schnellsten zu erreichen. Die dritte Interpretation von Zentralität, die so genannte *Betweenness*-Zentralität, stellt nicht die Erreichbarkeit in den Mittelpunkt, sondern die Vermittlungsleistung. In Abbildung 5 hat zum Beispiel der Knoten H eine solche Position zwischen vielen anderen Knoten inne: Da die Knoten I und J nur über ihn erreichbar sind, bildet er im Austausch zwischen ihnen und dem Rest des Netzwerks einen *Cutpoint*. Fällt er weg, zerfällt das Netzwerk in zwei unverbundene Teile. Je nachdem, wie viele Informationskanäle in dieser Weise durch einen Knoten ›kontrolliert‹ werden können, variiert auch dessen Einfluss.

Um solche vermittelnden Positionen zu identifizieren, geht man folgendermaßen vor: Man betrachtet für alle Paare von Knoten n_j und n_k die kürzesten Pfade (Geodäsien) zwischen ihnen und prüft, wie oft ein anderer Knoten n_i auf einem dieser Pfade liegt. Im Beispiel existieren zwischen I und C zwei Geodäsien der Länge drei: C–F–H–I und C–G–H–I. Die Knoten F und G sind je einmal Teil eines kürzesten Pfades, der Knoten H zweimal. Wählt man zufällig einen der kürzesten Wege zwischen I und C, wird man also immer den Knoten H passieren, und entweder F *oder* G. H ist öfter ›zwischen‹ I und C als F und G. Allgemein gesprochen: Setzt man für alle Paare von Knoten die gesamte Anzahl g_{jk} kürzester Pfade zwischen n_j und n_k in Beziehung zur Teilmenge $g_{jk}(n_i)$ jener Pfade, die auch über n_i laufen, so erhält man eine Art ›Wahrscheinlichkeit‹, dass n_i auf dem Weg von n_j zu n_k passiert werden muss – also seine *Betweenness* zwischen diesen beiden. Um die Vermittlerrolle von n_i hinsichtlich des gesamten Netzwerks zu ermitteln, werden seine *Betweenness*-Werte zwischen allen Knotenpaaren innerhalb des Netzwerks aufsummiert. Für H kommen wir so auf einen Wert von 14, für F und G auf 8,33 und für C auf 3,67. Da diese Werte nur schwer mit denen anderer, womöglich größerer Netzwerke vergleichbar sind, werden auch diese wieder standardisiert, indem sie durch den maximalen *Betweenness*-Wert geteilt werden (d.h. durch die Zahl aller Pärchen, zu denen n_i nicht selbst gehört). Wir erhalten dann die folgende Aufstellung der Zentralität einzelner Knoten in unserem Beispiel (siehe Tabelle 3 für eine Zusammenfassung der Zentralitätsmaße):

Tabelle 2: Zentralitätsmaße im Beispielgraphen

Knoten	Betweenness, unstd.	Betweenness, std., in %	Closeness, std., in %	Degree std., in %
H	14,00	38,89	60,00	33,33
G	8,33	23,15	64,29	55,56
F	8,33	23,15	64,29	55,56
I	8,00	22,22	42,86	22,22
C	3,67	10,19	60,00	66,67
A	0,83	2,32	52,94	44,44
B	0,83	2,32	52,94	44,44
D	0,00	0,00	50,00	33,33
E	0,00	0,00	50,00	33,33
J	0,00	0,00	31,03	11,11

Es zeigt sich, dass H im Hinblick auf die Kapazität zur Vermittlung und Informationskontrolle zentraler als F und G ist; er ist sogar der zentralste Knoten im gesamten Netzwerk. G und F sind dagegen den anderen Knoten im Durchschnitt am nächsten. C schließlich hat die höchste gradbasierte Zentralität, ist aber nur ein *local hero*, da sich diese Wichtigkeit aus seiner Verbindung zu den unmittelbaren Nachbarn ergibt.

Nicht immer unterscheiden sich die Zentralitätsmaße so deutlich wie in diesem Beispiel. Es ist natürlich einfacher, von ›zentralen Akteuren‹ zu sprechen, wenn diese drei Kriterien konvergieren. Ansonsten muss nach inhaltlichen Gesichtspunkten entschieden werden, welches Zentralitätsmaß am besten geeignet ist. Dabei ist es von Bedeutung, welche Art von Einfluss im Kommunikationsprozess von Interesse ist (Jansen 2003: 137). Wenn man es beispielsweise mit Kommunikationsbeziehungen in einer Organisation zu tun hat, sollte man wissen, ob man die mögliche Kommunikations*aktivität* an sich für entscheidend hält – und dementsprechend die *Degree*-Zentralität als Indikator möglicher Kommunikationspartner wählen. Legt man dagegen mehr Wert auf die *Kontrolle* über Informationen, ist die *Betweenness*-Zentralität aussagekräftiger. Wenn die *Unabhängigkeit* einzelner Akteure von bestimmten anderen fokussiert wird, ist wiederum die *Closeness*-Zentralität ein guter Indikator.

Tabelle 3: Zentralitätsmaße (Übersicht)

	Degree	Closeness	Betweenness
Interpretation	direkte Kontaktchancen (z.B. für Mobilisierung)	indirekte Erreichbarkeit *für*, Unabhängigkeit *von* anderen	Vermittlungs- und Kontrollchancen
Maßzahl	$d_i = \sum\limits_{j=1}^{N} x_{ij}$ für i≠ j	$\dfrac{1}{\sum\limits_{j=1}^{n} d(n_i,n_j)}$ für i≠ j	$\sum\limits_{j}^{n}\sum\limits_{k}^{n} b_{jk}(n_i)$ für j≠ k≠ i
Bezugsgröße für Standardisierung (max. Wert)	N-1	1/(N-1)	$(N^2\text{-}3N\text{+}2)/2$
Anmerkung	x_{ij} = Wert für den i-ten Knoten in der j-ten Spalte der Matrix; für *In*- bzw. *Outdegree* werden jeweils nur ein- bzw. ausgehende Kanten gezählt	$d(n_i, n_j)$ = Geodäsie, d.h. die Zahl der Kanten auf dem kürzesten Weg von Knoten n_i zu n_j	$b_{jk}(n_i)$ = »Wahrscheinlichkeit«, dass n_i auf dem Weg von n_j zu n_k passiert werden muss; d.h. das Verhältnis der Geodäsien g_{jk} zwischen n_j und n_k zur Teilmenge $g_{jk}(n_i)$ jener Geodäsien, die über n_i laufen

Die Zentralitätsmaße sind nicht umsonst ein häufig verwendetes Analyseinstrument. Sie veranschaulichen schließlich besonders gut die »strukturelle Intuition« in vielen Anwendungen der Netzwerkanalyse: Der Stellenwert eines Akteurs in einem Netzwerk wird auf der Basis von Beziehungen zu anderen Akteuren bestimmt – und nicht aufgrund seiner individuellen Attribute. Soziologisch ist es zwar sehr plausibel, Macht und Einfluss so zu verstehen, wie es hier vorgeschlagen wird, das heißt: relational. Zumindest im Alltagsleben ist es aber sehr viel üblicher, sie auf Eigenschaften von Personen zuzurechnen.

Eine Figur, die bei einer *strukturellen* Antwort auf die Frage: »Wer ist wichtig?«, nicht fehlen darf, ist die des *Vermittlers* oder *Brokers*. Wir hatten bereits im ersten Kapitel festgestellt, dass es einen Vorteil bedeuten kann, an der Schnittstelle zwischen verschiedenen Regionen eines Netzwerks positioniert zu sein. Die bisher diskutierten Zentralitätsmaße erfassen diesen Sachverhalt nur teilweise, weil sie zu stark auf globale Prominenz abzielen. Eine Vermittlerposition kann aber auch lokal, im Minimum zwischen zwei anderen Knoten entstehen. Die *Betweenness*-Zentralität ist eine Annäherung, insofern sie ein ›Dazwischen-Stehen‹ im Hinblick auf *alle* Pfade im Netzwerk misst. Weil hierzu aber auch sehr lange Pfade gehören können, gibt die *Betweenness* gerade in größeren Netzwerken keine sehr zuverlässige Auskunft darüber, wie oft ein Knoten *direkt* zwischen zwei anderen vermittelt. Ein Verständnis von *brokerage* im diesem engeren Sinne erfordert eine andere Herangehensweise.

Ein Vorschlag von Gould/Fernandez (1989) besteht darin, alle möglichen Kombinationen von drei Knoten auf Konstellationen hin zu untersuchen, in denen ein Broker zwischen zwei anderen Knoten, die nicht direkt miteinander verbunden sind, vermittelt. Das Ausmaß seiner Kontrolle über die Vermittlung hängt davon ab, wie viele weitere indirekte Beziehungen zwischen den beiden anderen Knoten existieren. Durch eine solche Identifikation und Gewichtung von indirekten Beziehungen über Zwischenkontakte lässt sich ermitteln, wie stark einzelne Knoten in der Lage sind, zwischen anderen Paaren eines Netzwerks zu vermitteln und gegebenenfalls den Informationsfluss zu kontrollieren. Hat man zudem Informationen über spezifische Gruppenzugehörigkeiten, sind die Knoten zum Beispiel Angehörige unterschiedlicher Organisationen, wissenschaftlicher Disziplinen oder Industriezweige, so lassen sich Vermittlungspositionen danach klassifizieren, zwischen welchen Gruppen sie vermitteln (siehe Abb. 6).

Auf der Grundlage von Gruppenzugehörigkeiten lässt sich also die immer wieder auftauchende Figur des *Dritten* differenzieren: Der *local broker* oder *Koordinator* befindet sich in derselben Grup-

Abbildung 6: Formen der Vermittlung nach Gould/Fernandez (1989: 93)

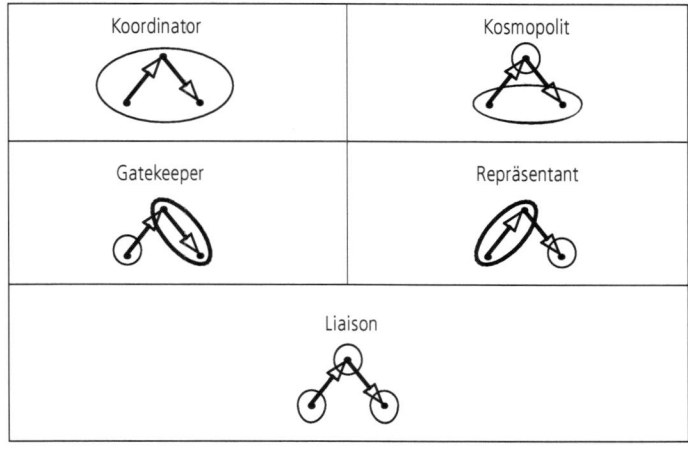

pe wie die durch ihn vermittelten Kontakte; der *Kosmopolit* dagegen gehört einer anderen Gruppe an, er vermittelt also von außen; *gatekeeper* und *Repräsentant* verhalten sich komplementär, indem Ersterer den Input von Informationen vermittelt, Letzterer den Output; der *Verbindungsmann (liaison)* schließlich verbindet unterschiedliche Gruppen, ohne einer von ihnen anzugehören. Es ist möglich, dass ein Knoten verschiedene Vermittlungsfunktionen gleichzeitig erfüllt. Eine Messung von Vermittlerpositionen kann deshalb die Spezialisierung ebenso wie die Kumulation derartiger Positionen erfassen.

Diese Fassung des Vermittlungsproblems ähnelt stark den von Burt (1992) populär gemachten »strukturellen Löchern«, die sich genau an jenen Punkten eines Netzwerks auftun, an denen ein Vermittler eine Position zwischen bisher isolierten Cliquen einnehmen könnte. So betonen auch Gould/Fernandez (1989: 95): »[T]he whole point of brokerage is to create an indirect relation where no direct relation exists.« Man darf dies allerdings nicht nur als Ausgangspunkt für Kontrollstrategien verstehen, auch wenn zum Beispiel Burt durchaus die Optimierung von Netzwerken hinsichtlich der Ausnutzung struktureller Löcher vor Augen hat. Aus Sicht der Netzwerkanalyse ist *brokerage* als eine struktu-relle Position interessant, die spezielle Handlungschancen und -hindernisse bedingt – unabhängig davon, ob sie strategisch ge-sucht wird oder nicht. Zu den ermöglichenden Bedingungen ge-hören neben der manchmal möglichen *Kontrolle* vor allem die *Transfer- und Arbitragechancen*. Wie Burt in einer jüngeren Studie zum Ursprung ›guter Ideen‹ in einem großen Unternehmen zeigt, eröffnet die Position zwischen zwei Gruppen eine »vision of options otherwise unseen« (Burt 2004: 354): Der Broker kann die Transparenz zwischen Abteilungen erhöhen, gute Problemlösun-gen übertragen, Analogien entdecken und neuartige Synthesen herstellen.

Diese Vorteile setzen allerdings voraus, dass der Vermittler durch seine Verpflichtungen gegenüber zwei Gruppen nicht in Loyalitätskonflikte gerät – und er statt in einer komfortablen Vermittlungsposition am Ende zwischen den Stühlen sitzt. Es ist aber sicherlich nicht untypisch, dass die Mitgliedschaft in ver-schiedenen Bezugsgruppen oder eine Position an deren Schnitt-stelle zu Spannungen führt. In Organisationen fungieren bei-spielsweise so genannte »Grenzstellen« als *gatekeeper* und *Reprä-sentanten*: Die Organisationsspitze – die Geschäftsführerin, der Behördenchef oder die Parteivorsitzende – oder aber eine speziel-le Abteilung sind dafür verantwortlich, relevante Informationen aus der Umwelt zu filtern und zu sortieren und das Organisa-tionssystem nach außen zu vertreten (vgl. Luhmann 1964: 221ff.). Das heißt aber auch, dass Grenzstellen den Erwartungen der Umwelt besonders stark und ›unverfälscht‹ ausgesetzt sind. Das kann dazu führen, dass die Orientierung an der Umwelt domi-niert und die Grenzstelle dadurch ein vom Rest der Organisation abweichendes Verhalten und Bewusstsein entwickelt. Die höhere Sensibilität der Grenzstelle für externe Anforderungen kollidiert dann mit den stark vereinfachenden Umweltmodellen in anderen Teilen der Organisation. Ähnliche Probleme können natürlich auch *innerhalb* einer Organisation auftreten. Ein Beispiel hierfür bietet die Studie informeller Netzwerke in einem Software-Un-ternehmen, die wir weiter unten als eine Anwendung der Netz-werkanalyse näher betrachten werden.

Wer gehört zusammen? Teilgruppen in Netzwerken

Es ist nicht immer möglich, ein Netzwerk anhand bekannter Kategorien in unterschiedliche Gruppen aufzuteilen oder vorgegebene System/Umwelt-Differenzen (zum Beispiel von formalen Organisationen) zu nutzen – und aus Sicht der Netzwerkanalyse ist dies auch nicht unbedingt wünschenswert. Es ist schließlich ein zentraler Bestandteil der »strukturellen Intuition«, individuelle Eigenschaften und Gruppenkategorien nicht einfach zur Kenntnis zu nehmen, sondern nach Möglichkeit in *Relationen* aufzulösen. Eine Reihe von Konzepten der Netzwerkforschung dient deshalb dazu, Teilgruppen anhand relationaler Kriterien zu identifizieren. Man sucht dann nach *kohäsiven Subgruppen*, also jenen Regionen eines Netzwerks, die intern besonders stark verbunden sind (Wasserman/Faust 1994: Kap. 7; Jansen 2003: Kap. 8). Es gibt verschiedene Möglichkeiten, auf diese Weise das soziologisch schwer zu fassende Konzept der »sozialen Gruppe« graphentheoretisch zu formulieren. Auch wenn es nach wie vor nicht gelungen ist, eine allgemein zustimmungsfähige Definition der Gruppe als einer sozialen Einheit zu entwickeln (Tyrell 1983), gibt es einige regelmäßig wiederkehrende Merkmale: zum Beispiel die Reziprozität der Beziehungen, die Erreichbarkeit der Gruppenmitglieder untereinander, die Häufigkeit von Kontakten unter den Mitgliedern und die höhere Dichte von Kontakten innerhalb einer Gruppe im Vergleich zu ihrem sozialen Umfeld (Wasserman/Faust 1994: 251f.).

Am klarsten identifizierbar sind Gruppen dann, wenn alle Mitglieder einander direkt kennen bzw. in unmittelbaren Austauschbeziehungen stehen. Genau dies wird mit dem Konzept der *Clique* erfasst, das die Eindeutigkeit und Intuitivität seiner Definition jedoch mit recht hohen Ansprüchen an die interne Kohäsion etwaiger Teilgruppen bezahlt: In einer *Clique* ist *jeder mit jedem* direkt verbunden. In der Regel werden derartige Teilgruppen jedoch nur eine geringe Größe erreichen. In Abbildung 7 zum Beispiel bilden nur A, B und C eine Clique; schon der Knoten D ist zwar mit einem Mitglied dieser Clique verbunden (mit B), nicht aber mit A oder C.

Deshalb sind weniger strenge Definitionen von Teilgruppen

Abbildung 7: Beispielgraph für kohäsive Teilgruppen

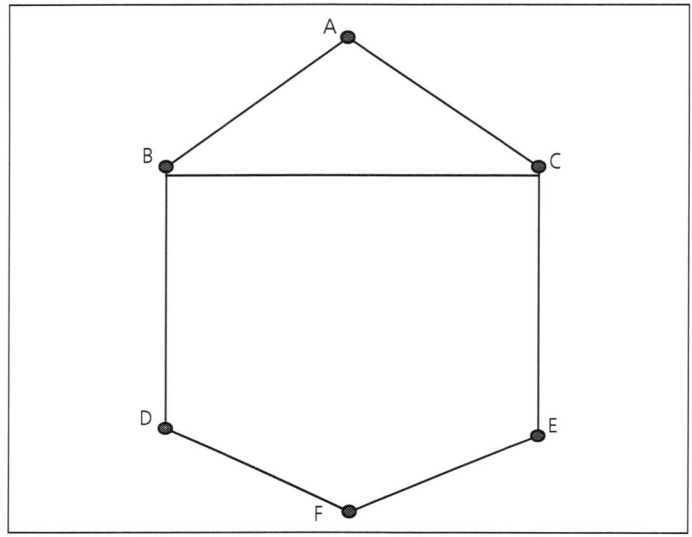

sinnvoll, um nicht ganz so offensichtliche – aber dennoch relevante – Verdichtungen innerhalb eines Netzwerks zu identifizieren. Grundsätzlich unterscheiden sich diese Konzepte darin, ob sie die Zugehörigkeit zu Teilgruppen an der *Distanz* zwischen den Knoten festmachen (Cliquen- und Clan-Maße) oder an der *Dichte* der Beziehungen innerhalb der Gruppe (k-Plexe und k-Cores).

Die so genannte *n-Clique* besteht nicht nur aus direkt miteinander verbundenen Knoten, sondern aus all jenen, die höchstens *n* Knoten auseinander liegen. Für *n*=1 ist diese Definition gleichbedeutend mit der einer ›strikten‹ Clique; wählt man dagegen höhere Werte (üblicherweise 2 oder 3), ergeben sich größere Verbundstrukturen, die nicht nur direkte Beziehungen, sondern längere Pfade mit Zwischenschritten umfassen: in Abbildung 7 beispielsweise die 2-Cliquen ABCDE und BCDEF. Eine Besonderheit der n-Clique ist allerdings, dass ihre Pfade auch über Knoten verlaufen können, die selbst *nicht* Teil der n-Clique sind: In der 2-Clique ABCDE führt der kürzeste Pfad zwischen D und E über den »externen« Knoten F (vgl. Alba 1973). Dies kann man ausschließen, indem man festlegt, dass die maximale Pfaddistanz *innerhalb* der Teilgruppe – der so genannte Durchmesser – nicht größer sein darf als *n*. Die entsprechenden Teilgruppen werden als *n-Clans* bezeichnet: In unserem Beispiel bilden BCDEF einen 2-Clan.

Während n-Clique und n-Clan die mögliche *Distanz* zwischen den Knoten zum Kriterium haben, orientieren sich *k-Plexe* und *k-Cores* an der *Dichte* der vorhandenen direkten Beziehungen: Zwischen den Mitgliedern müssen direkte Beziehungen vorhanden sein, aber – im Gegensatz zur Clique – nicht mehr zwischen *allen* Knoten. Der Parameter *k* legt vielmehr fest, wie viele der Knoten innerhalb der Teilgruppe *nicht* direkt erreicht werden müssen. Für *k*=1 ist diese Definition wiederum gleichbedeutend mit jener der Clique: Ein Knoten in einem 1-Plex ist mit allen anderen (außer sich selbst) verbunden. Für *k*=2 ergeben sich weniger dicht verknüpfte Teilgruppen, in Abbildung 7 beispielsweise bereits acht 2-Plexe (ABC, ABD, ACE, BCD, BCE, BDF, CEF, DEF). Nach dem gleichen Prinzip sind die *k-Cores* gebaut, deren Parameter *k* jedoch angibt, wie viele Verbindungen zu anderen Mitgliedern *mindestens* vorhanden sein müssen – unabhängig von der Größe der Teilgruppe.

Die Anwendung dieser verschiedenen Konzepte kohäsiver Teilgruppen (von denen es noch einige mehr gibt) kann aufgrund der variierenden Kriterien bei gleichem Datenbestand zu recht unterschiedlichen Ergebnissen führen. Es ist letztlich nur im Hinblick auf die tatsächlich erhobenen Beziehungen entscheidbar, ob das eine oder andere Konzept ›besser‹ geeignet ist, um Subgruppen zu identifizieren. Ein paar Hinweise für die Verwendung der dargestellten Konzepte lassen sich jedoch geben: Wenn weniger die durch Verbundenheit erzeugte Gruppenidentität im Vordergrund steht als zum Beispiel der Austausch von Ressourcen und Informationen, mag es nicht so wichtig sein, ob die Beziehungen nur über die Gruppenmitglieder selbst laufen. In solchen Fällen sind *n-Cliquen* ein sinnvoller Ansatzpunkt. Wenn es für die Untersuchung jedoch einen Unterschied macht, ob Transaktionen tatsächlich nur innerhalb der Gruppen oder unter Beteiligung Dritter erfolgen, machen die Einschränkungen eines *n-Clans* Sinn. Die bezüglich Verbundenheit weniger anspruchsvollen *k-Plexe* sind dagegen in jenen Fällen aussagekräftig, in denen die Netzwerkbeziehungen nicht die einzige Dimension der Gruppendefinition sind und eine zu ›strenge‹ Auslegung deshalb zu viele Knoten ausschließen würde.

Einen anderen Weg, Teilgruppen in einem Netzwerk zu bestimmen, geht die so genannte *Blockmodellierung* (White et al. 1976). Ihr Ziel ist es nicht, miteinander *verbundene* Akteure zusammenzufassen, sondern solche, die *ähnliche Positionen* im Netzwerk besetzen (Burt 1983a; Kappelhoff 1987). Es kommt also nicht darauf an, ob zwei Akteure durch direkte oder indirekte Beziehungen verbunden sind, sondern ob sie ähnliche Beziehungen zu *anderen* Akteuren haben. In diesem Fall werden sie als »strukturell äquivalent« bezeichnet und können zu einem »Block« gleichartiger Positionen zusammengefasst werden. Betrachten wir zur Veranschaulichung folgendes Beispiel:

Abbildung 8: Strukturelle Äquivalenz

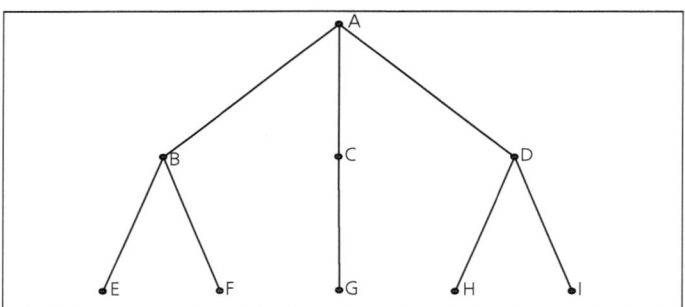

Die baumartige Beziehungsstruktur in Abbildung 8 führt dazu, dass die Knoten bzw. Akteure B, C, D, und E, F, G, H, I untereinander keine direkten Verbindungen haben. Sie erfüllen deshalb natürlich nicht die Kriterien einer strikten Clique. Dennoch könnte es unter bestimmten Voraussetzungen sinnvoll sein, E und F zum Beispiel als Mitglieder einer bestimmten Hierarchie-Ebene oder einer Abteilung zusammenzufassen. Schließlich stehen sie beide ›unter‹ B. Ähnliches gilt für H und I. In der Tat sind E und F bzw. H und I *strukturell äquivalent*: Sie sind jeweils im Hinblick auf ihre Beziehungen zu einem anderen Knoten (B bzw. D) austauschbar und könnten daher zu zwei »Blöcken« zusammengefasst werden, die man zum Beispiel als »Mitarbeiter von B« (E, F) und »Mitarbeiter von D« (H, I) bezeichnen könnte. Auch wenn die hierarchische Darstellung eine analoge Zusammenfassung von B, C und D nahe legt, lässt sich das nicht mit dem Kriterium struktureller Äquivalenz begründen: Sie haben zwar alle die gleiche Beziehung zu A, unterscheiden sich aber in ihren Beziehungen zu E bis I. Für manche Anwendungen ist die strukturelle Äquivalenz deshalb ein zu restriktiver Gesichtspunkt. Man kann sich jedoch leicht Situationen vorstellen, in denen man diese Dritten selbst zu einer Gruppe zusammenfassen möchte. Viele Beziehungen zeichnen sich dadurch aus, dass allenfalls *ähnliche* Beziehungen zu *ähnlichen* Akteuren vorhanden sind. So haben natürlich alle Mitglieder der Gruppe »Mütter« Beziehungen zu Kindern, aber eben nicht zu denselben Kindern. Ähnlich könnte es in Abbildung 8 Sinn machen, die Knoten E bis I als »Beschäftigte« zu definieren, um B, C und D dann als Gruppe der »Manager« mit gleichartigen Beziehungen zum *Block* der Beschäftigten auffassen zu können. Eine entsprechende Reformulierung und Abschwächung des Äquivalenzkriteriums ist die »reguläre Äquivalenz« (Wasserman/Faust 1994: 473ff.). Sie stellt auf gleichartige Beziehungen einer Position zu anderen Positionen (statt zu konkreten Knoten) ab. In unserem Beispiel gäbe es beispielsweise die folgenden Gruppen regulär äquivalenter Akteure: (A) (B C D) (E F G H I) – eine Einteilung, die recht gut der Intuition entspricht, dass es sich bei diesem Beispiel um Ebenen einer Hierarchie handelt.

Während die zuvor beschriebenen Kohäsionsmaße Akteure nach der Existenz bzw. Intensität wechselseitiger Relationen gruppieren (Prinzip relativer Verdichtung), richten sich Blockmodelle nach der Gleichartigkeit von Relationen zu anderen Knoten (Äquivalenzprinzip). Durch die Zusammenfassung von strukturell oder regulär äquivalenten Knoten zu einem »Block« wird eine Kategorisierung des Netzwerks auf der Basis struktureller Merkmale möglich. Für Netzwerkanalytiker ist dies eine besonders eindrucksvolle Realisierung der »strukturellen Intuition«: Statt sich bei der Einteilung in Gruppen auf bekannte Eigenschaften der Akteure zu verlassen, wird eine Kategorisierung allein aufgrund der an den Relationen ablesbaren Positionen entwickelt.

3. Aus der Werkstatt der Netzwerkanalyse

Die breite Anwendbarkeit netzwerkanalytischer Konzepte liegt auf der Hand: Es muss lediglich möglich sein, zwischen Elementen und Relationen zu unterscheiden. Soziologische Analysen wählen als Elemente meist soziale Einheiten wie zum Beispiel Personen, Organisationen oder Nationalstaaten, als Relationen Begegnungen, Austauschbeziehungen, Bewertungen oder Konflikte zwischen ihnen. Allerdings lassen sich auch Zitate in wissenschaftlichen Veröffentlichungen oder Hyperlinks zwischen Dokumenten im World Wide Web als Netzwerke analysieren. Eine besondere Stärke der Netzwerkanalyse liegt darin, dass sie auf kleinräumige soziale Phänomene ebenso anwendbar ist wie auf große Datenmengen: Das Spektrum reicht vom Wechsel zwischen Sprecher-, Adressaten- und Zuhörerrollen in Interaktionssituationen (Gibson 2005) bis zu den Verflechtungen großer Unternehmen durch Mehrfachmitgliedschaften ihres Führungspersonals in verschiedenen Aufsichtsgremien (Mintz/Schwartz 1985). Da es bei diesen Anwendungen meist weniger um die Repräsentativität der Daten geht als um die Herausarbeitung bestimmter Strukturprinzipien, können auch Fallstudien von netzwerkanalytischen Verfahren profitieren.

Aus dem unüberschaubaren Spektrum vorliegender Studien sollen im Folgenden zwei herausgegriffen werden, um die Anwendungsmöglichkeiten der Netzwerkanalyse in unterschiedlichen Kontexten zu demonstrieren. Der Schwerpunkt liegt in beiden Fällen auf *persönlichen* Netzwerken, also Netzwerken zwischen Personen in unterschiedlichen sozialen Kontexten. Das erste Beispiel fasst eine umfangreiche Studie zu informellen Netzwerken in einer Arbeitsorganisation – einem klassischen Anwendungsbereich netzwerkanalytischer Verfahren – zusammen. Das zweite Beispiel beschäftigt sich mit der Untersuchung großer Bekanntschaftsnetzwerke, die von Stanley Milgram mit seinem »small world«-Experiment angeregt und später von den Protagonisten der mathematischen Netzwerktheorie aufgegriffen und weiterentwickelt wurde.

Die informelle Organisation als Netzwerk

Die Untersuchung der sozialen Beziehungen in kleineren Gruppen war ein früher Schwerpunkt der Netzwerkanalyse. Bereits die von Moreno (1934) entwickelte »Soziometrie« beschäftigte sich vor allem mit der Struktur von Beziehungsmustern in Kleingruppen. Moreno und andere Forscher (etwa Newcomb 1961) erhoben Freundschaftsbeziehungen in Schulklassen und bei Studenten. Ein weiterer Kontext, in dem sich Menschen Tag für Tag begegnen und der deshalb beständig soziale Netzwerke produziert, ist die formale Organisation. Fragen nach Cliquenbildung, Zentralität und Vermittlung können sich dabei sowohl auf die Beziehungen *zwischen* Organisationen – in Industriesektoren und Organisationsfeldern – als auch auf die Beziehungen *innerhalb* einzelner Organisationen beziehen. Im Folgenden soll am Beispiel eines organisationssoziologischen Forschungsprojekts gezeigt werden, wie sich die Instrumente der Netzwerkanalyse einsetzen lassen, um informale Organisationsstrukturen zu untersuchen.

Der Organisationsforscher David Krackhardt hat in einer Reihe von Studien die Struktur und Funktion von Freundschafts- und Ratgebernetzwerken in einer kleinen EDV-Firma an der amerikanischen Westküste erforscht (Krackhardt 1987, 1990, 1992, 1999). Bei der Firma »Silicon Systems« handelt es sich um eine Art »Face-to-face-Organisation« (Kühl 2002), deren 36 Mitarbeiterinnen und Mitarbeiter in einem Gebäude untergebracht und sich überwiegend persönlich bekannt sind. Die drei Top-Manager der Firma sind gleichzeitig auch deren gleichberechtigte Eigentümer. Die Hierarchie der formalen Organisation von »Silicon Systems« ist überschaubar: Die drei Eigentümer führen die Firma trotz verschiedener Zuständigkeiten auf gleichberechtigter Basis; die darunter liegende Ebene wird von fünf Managern gebildet, die Leitungsfunktionen für einzelne Tätigkeitsbereiche wahrnehmen (zum Beispiel für Entwicklung, Installation oder Kundenberatung); die restlichen 28 Mitarbeiterinnen und Mitarbeiter besetzen keine offiziellen Autoritätspositionen (siehe Abb. 9).

Im Vergleich zu dieser offiziellen Darstellung zielt die Netzwerkanalyse auf die »Firma hinter dem Organigramm« (Krackhardt/Hanson 1993), also auf die informale Organisation. Krack-

Abbildung 9: Organigramm von »Silicon Systems«
(Quelle: Krackhardt 1992: 226)

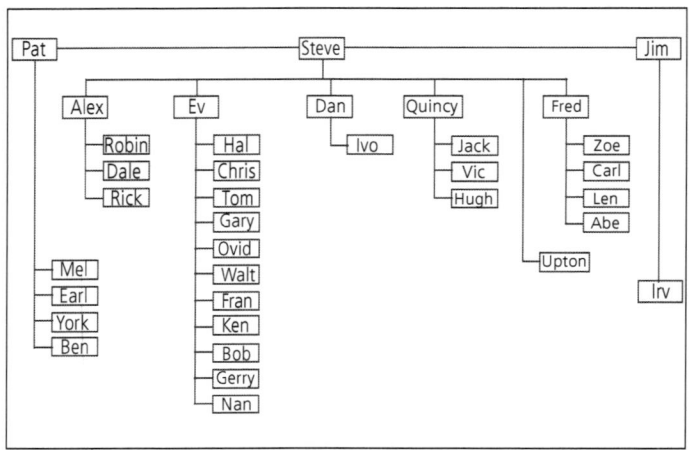

hardts Untersuchung von »Silicon Systems« konzentriert sich auf
zwei Arten von Netzwerkbeziehungen: das arbeitsbezogene *Hilfe-
und Ratgebernetzwerk* und das *Freundschaftsnetzwerk*. Beide wurden durch einen standardisierten Fragebogen erhoben, der eine
interessante Besonderheit aufweist. Es wird davon ausgegangen,
dass alle Beteiligten über eine mehr oder weniger vollständige
»kognitive Landkarte« der Beziehungen innerhalb der Organisation verfügen (vgl. Krackhardt 1987). Deshalb wurden in jedem
Fragebogen nicht nur die Beziehungen *eines* fokalen Egos mit potentiellen Alteri abgefragt, sondern die Beziehungen *aller* Organi-
sationsmitglieder untereinander. Es wurde also beispielsweise
nicht nur danach gefragt, mit welchen Personen B, C, D, ... der
Befragte A über arbeitsbezogene Angelegenheiten spricht, sondern auch danach, mit wem B, C, D, ... seiner Meinung nach
sprechen.

Eine derartige Erhebung der »kognitiven Netzwerkkarten« ergibt nicht ein Netzwerk für jede Beziehungsart, sondern so viele
unterschiedliche Netzwerke, wie es Befragte gibt. Wie aber kombiniert man diese einzelnen Netzwerkkarten zu einer Gesamtma-
trix? Krackhardt definiert die Einzelmatrizen als Teil einer *Cogni-*

tive Social Structure (CSS), die durch die dreistellige Relation $R_{i,j,k}$ *gegeben ist: i* ist der »Sender«, *j* der »Empfänger« und *k* der »Beobachter« der Beziehung zwischen *i* und *j*. Wenn die Befragte D davon ausgeht, dass Person B bei Person E um Rat fragen würde, so ist $R_{B,E,D}=1$. *Die CSS ist dementsprechend eine dreidimensionale Matrix der Größe N* x *N* x *N*: Sie enthält maximal 36 unterschiedliche Perspektiven auf 36x36 Dyaden. Die Netzwerkangaben der einzelnen Beobachter bilden zweidimensionale »Ausschnitte« *(slices)* dieser dreidimensionalen Matrix. Wie wir bereits gesehen haben, arbeitet die Netzwerkanalyse üblicherweise jedoch nicht mit drei-, sondern mit zweidimensionalen Matrizen. Wie kommt man von der dreidimensionalen CSS zu einem geeigneten zweidimensionalen Abbild?

Inhaltlich bedeutet eine derartige Transformation, aus der Vielfalt der Perspektiven eine *Repräsentation* des Gesamtnetzwerks zu destillieren, indem der Informationsgehalt der Daten reduziert wird. Unter den verschiedenen möglichen Reduktionsverfahren sind insbesondere zwei interessant (Krackhardt 1987: 116). Erstens kann man die CSS zu einer *Locally Aggregated Structure* (LAS) reduzieren: Dann berücksichtigt man für jede mögliche Beziehung zwischen zwei Personen nur die Beobachtungen der beiden Beteiligten und trägt dann in der reduzierten Matrix eine Beziehung ein, wenn entweder beide ihr Vorhandensein bejahen (= Schnittmengenregel) oder zumindest einer dies tut (= Vereinigungsmengenregel). Es handelt sich um eine ›lokale‹ Struktur, weil eben nicht die Informationen aller Befragten berücksichtigt werden, sondern nur die der direkt Beteiligten. Im Gegensatz dazu kann man zweitens eine *Consensus Structure* (CS) bilden, die auf der durchschnittlichen Meinung aller Befragten beruht. Man definiert dann zum Beispiel einen Schwellenwert, der angibt, wie viele Befragte eine Beziehung zwischen zwei Personen feststellen müssen, damit diese in die CS aufgenommen wird.[14]

Wir werden zwei aus den Netzwerkdaten von »Silicon Systems« gewonnene *Locally Aggregated Structures* betrachten: das Ratsuchenetzwerk und das Freundschaftsnetzwerk. Beide Netzwerke sind nach der Schnittmengenregel gewonnen, das heißt, dass für jede mögliche Beziehung die Antworten der Beteiligten hinsichtlich übereinstimmender Aussagen ausgewertet werden. Lediglich fehlende Werte werden durch Beobachtungen der anderen Netzwerkmitglieder approximiert. Man erhält so einen kompletten Datensatz der Größe 36x36 für jedes der beiden Netzwerke, die sich folgendermaßen darstellen lassen (die Abbildungen wurden mit dem Visualisierungs- und Analyseprogramm »Pajek« erstellt):[15]

Abbildung 10: Das Ratsuchenetzwerk bei »Silicon Systems«

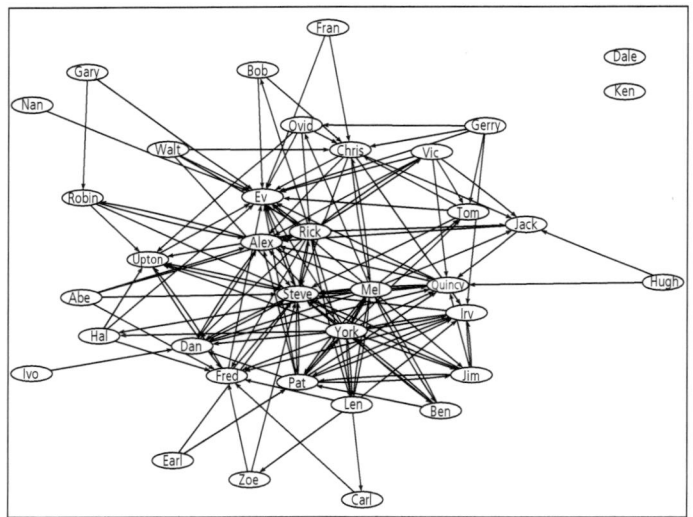

Anhand der Graphen ist bereits erkennbar, dass sich die Positionen einzelner Personen in den beiden Netzwerken durchaus unterscheiden. Zum Beispiel ist Ken im Hilfenetzwerk isoliert, d.h. niemand scheint sich bei ihm Rat zu holen, während er im Freundschaftsnetzwerk einige Verbindungen besitzt. Sehr auffällig ist außerdem, dass Ev – einer der Top-Manager – als Experte sehr gefragt ist, als Freund dagegen nur sehr wenig. Diese Eindrücke lassen sich präzisieren, indem wir einen Blick auf die entsprechenden Zentralitätsmaße werfen: Sowohl Steve, der Gründer und Präsident der Firma, als auch Ev, der technische Experte unter den Top-Managern, erreichen im Ratsuchenetzwerk mit 19 den höchsten *Indegree* aller Befragten. Sie sind demnach wichtige Ansprechpartner. Instruktiv sind jedoch die sehr unterschiedlichen Neigungen der beiden, *andere* um Rat zu fragen: Steve nennt sieben Personen, Ev lediglich eine. Dies ist ein Hinweis darauf, dass Steve eher als ein um Kontakte bemühter »Manager« agiert und um einen kooperativen Führungsstil bemüht ist, während Ev sich auf die Rolle eines technischen »Problemlösers« beschränkt, der von anderen Organisationsmitgliedern als Ratgeber geschätzt wird, sich selbst aber nur an eine andere Person wendet, nämlich an Steve. Diese geringe Einbettung in die Reziprozität des Ratsuchenetzwerks korreliert mit einer eher marginalen Position im Freundschaftsnetzwerk (Krackhardt 1992: 229-231).

Abbildung 11: Das Freundschaftsnetzwerk bei »Silicon Systems«

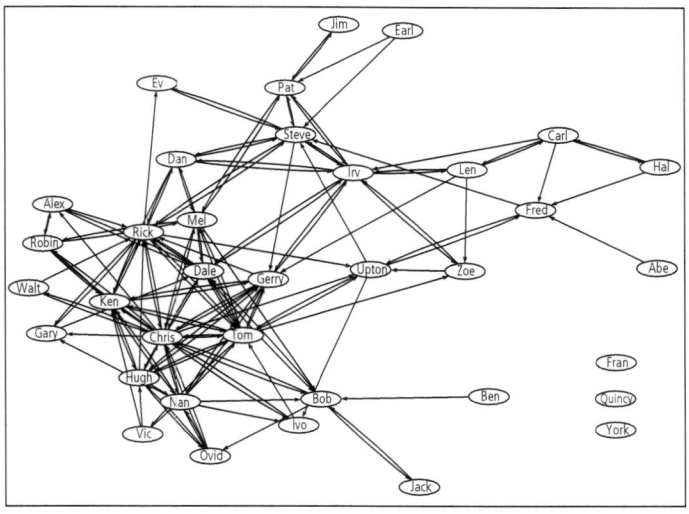

Interessant ist insbesondere, dass die Netzwerke – beides Dimensionen der ›informalen Organisation‹ – unterschiedlich stark mit der im Organigramm dargestellten Hierarchie korrelieren. Was die Gefragtheit ihrer Expertise anbelangt, ist die formale Organisationsspitze auch im Ratsuchenetzwerk zentral. Zumindest in der Rangliste der *Indegrees* belegen Mitglieder der ersten und zweiten Hierarchie-Ebene (Ev, Steve, Alex, Quincy, Fred) die ersten fünf Plätze. Das Freundschaftsnetzwerk stellt sich hingegen eher als eine *Umkehrung* der formalen Hierarchie dar, in der die Mitglieder der unteren Hierarchieebene zentral sind, nämlich Chris, Rick und Tom.

Die Zentralitätswerte einzelner Personen sind nicht nur von deskriptivem Interesse, sondern sollen bei der strukturellen Erklärung sozialer Phänomene helfen. Wenn wir von der Zentralität einzelner Personen sprechen, handelt es sich ja um ein relationales, aus der Struktur der Beziehungen gewonnenes Merkmal, das seine Erklärungskraft in Konkurrenz zu individuellen Attributen oder Einstellungen beweisen soll. Zum Beispiel könnte man sich vorstellen, dass eine zentrale Position im Freundschaftsnetzwerk dazu führt, dass man von anderen für einflussreich gehalten wird, obwohl man in der formalen Hierarchie nicht sehr weit oben rangiert. In der Tat kann ein solcher Zusammenhang nachgewiesen werden (Krackhardt 1990). Eine weitere Möglichkeit besteht darin, die ›korrekte‹ Wahrnehmung der informalen Organisationsstrukturen auf Positionen zurückzuführen: Wenn man die individuellen und die kollektiven Netzwerkrepräsentationen (*slices* vs. LAS) auf ihre Übereinstimmung überprüft, korreliert beispielsweise die Fähigkeit, die Ratsuchebeziehungen *anderer* korrekt wiederzugeben, mit der *eigenen Indegree*- und *Betweenness*-Zentralität (Krackhardt 1987: 126). Eine prominente Position im informellen Netzwerk erhöht also die Chance, dieses ›korrekt‹ (wie viele andere) beschreiben zu können.

Die Bedeutung von Netzwerkpositionen erläutert Krackhardt (1992) anhand einer organisationspolitischen Episode bei »Silicon Systems«: Kurz nach der Erhebung der Netzwerkdaten wurde in der Firma versucht, eine gewerkschaftliche Interessenvertretung zu organisieren. Die Eigentümer und Leiter des Unternehmens waren von Beginn an besorgt, dass eine gewerkschaftliche Vertretung bisherige Wettbewerbsvorteile der kleinen Firma zunichte machen würde. Sie waren daher gegen den Plan, der die Abteilungen von Ev, Dan und Quincy betroffen hätte. Von den betroffenen Mitarbeitern stand eine Fraktion dem Vorhaben sehr positiv gegenüber (Ovid, Jack und Hal), eine andere eher negativ (Dale, Mel und Robin). Obwohl sich anfangs eine Mehrheit für die Einführung einer gewerkschaftlichen Vertretung abzeichnete, scheiterte der Plan letztlich an der fehlenden Zustimmung bei den Mitarbeitern.

Aus der Perspektive der Netzwerkanalyse liegt es nahe, Gründe für diesen Fehlschlag in den Positionen von Befürwortern und Gegnern einer »Unionization« zu suchen. Wenn wir nicht die Anzahl der Befürworter, sondern ihre Zentralität in den informellen Netzwerken betrachten, scheinen sie tatsächlich im Nachteil zu sein: Im Freundschaftsnetzwerk besetzen sie weniger zentrale Positionen als die Gegner, was für einen geringeren (informellen) Einfluss innerhalb der Organisation spricht. Insbesondere Hal, der offizielle Vertreter der Gewerkschaft, besetzt eine eher marginale Position. Chris, der im Freundschaftsnetzwerk mit Abstand zentralste Akteur, war zwar zu Beginn für die Ziele des Gewerkschaftsvorschlags, hielt sich aber während der Kampagne eher im Hintergrund und stellte seinen informalen Einfluss nicht in den Dienst des Vorhabens. Dem gewerkschaftlichen Vorhaben fehlte also eine Basis in der informalen Organisation – zusätzlich zu der Tatsache, dass die Spitze der formalen Hierarchie ohnehin dagegen war. Diese Erklärung ist aus strukturalistischer Perspektive aber noch unvollständig, da sie zwar die Durchsetzungschancen der verschiedenen Meinungen, nicht aber diese selbst relational erklärt. Sie betrifft gewissermaßen nur die *Mittel*, nicht aber die *Ziele* des organisationsinternen Machtkampfs.

Krackhardt (1999) geht deshalb der These nach, dass die Einbindung in das Freundschaftsnetzwerk den Schlüssel zu einer vollständig *strukturellen* Erklärung liefern könnte. Neben der Position im Gesamtnetzwerk kann schließlich auch die Mitgliedschaft in Teilgruppen einen Einfluss auf individuelle Wahrnehmungs- und Handlungsmöglichkeiten haben. Teilgruppen sind beispielsweise *Cliquen*: Gruppen von Knoten eines Netzwerks, in denen alle Mitglieder miteinander verbunden sind.[16] Im Ratsuchenetzwerk von »Silicon Systems« gibt es nur sechs Cliquen, im Freundschaftsnetzwerk dagegen 15; nur acht Personen sind überhaupt Mitglieder einer »Ratgeberclique«, immerhin 16 aber gehören mindestens einem Freundschaftskreis an. Von Interesse ist dabei nicht nur, wer in welcher Clique ist, sondern auch, wie viele Parallelmitgliedschaften es gibt. Zum einen unterscheiden sich die Personen darin, in wie vielen Cliquen sie überhaupt Mitglied sind: Einige sind Mitglieder von zwei oder drei Cliquen gleichzeitig, deutlich weniger (vier) partizipieren an vier oder fünf Cliquen. Einzig Chris, der offensichtlich geselligste Mitarbeiter, ist Mitglied von acht Cliquen. Doch nicht allein die *Menge* der Mitgliedschaften ist von Interesse, sondern welche Verbindungen durch *Ko-Mitgliedschaften* entstehen. Chris unterhält über zwei Cliquen Verbindungen mit Mel, über eine mit Robin und über drei mit Dale – allesamt Gegner des gewerkschaftlichen Vorhabens. Mit Hal und Jack hingegen teilt er keine Mitgliedschaft in einer Clique. Im »Unionization«-Konflikt saß Chris mit seiner im Grunde pro-gewerkschaftlichen Einstellung einerseits und den Erwartungen seiner anti-gewerkschaftlichen Freunde andererseits deshalb zwischen zwei Stühlen. Das zumindest wäre die Prognose der bereits erwähnten Balancetheorien, die einen Zusammenhang zwischen Netzwerk-Beziehungen und Einstellungsvariablen behaupten (Heider 1946, 1979; Cartwright/Harary 1956; Holland/Leinhardt 1979). Aufgrund seiner Verbindungen zur anti-gewerkschaftlichen Fraktion im Freundschaftsnetzwerk befand sich Chris in einer ambivalenten Position, in einer Art *Double Bind*. Angesichts seiner ursprünglich zustimmenden Haltung kann diese strukturelle Spannung erklären, warum er ein stärkeres Engagement vermied. Dafür spricht jedenfalls, dass er sich kurz vor der entscheidenden Abstimmung beurlauben ließ, um erst danach wieder zurückzukehren. Demnach machte die spezifische Einbindung von Chris in das informelle *Netzwerk* ein stärkeres Engagement in der Tat unwahrscheinlich, obwohl dies seiner *individuellen* Einstellung entsprochen hätte.

Das Beispiel von »Silicon Systems« zeigt, wie sich der Vergleich von formaler und informaler Hierarchie und die Darstellung der Letzteren als Netzwerk zur Erklärung spezifischer Organisationsentwicklungen nutzen lassen. Die Einbettung und Positionierung kann nicht nur den Einfluss einzelner Akteure bestimmen, sondern auch Bedeutung dafür haben, welche Vorhaben und Entscheidungen letztlich den nötigen Rückhalt in der (informalen) Organisation finden. Die Netzwerkanalyse ist dann eine Möglichkeit, die oft komplexen und zunächst unübersichtlichen Informationen über persönliche Beziehungen so zu formalisieren, dass diese leichter zusammengefasst und so mit spezifischen Ereignissen korreliert werden können. Dazu ist die Interpretation selbstverständlich auf inhaltlich vielschichtiges Datenmaterial angewiesen (zum Beispiel auf ethnographische Fallstudien), das mitunter über die Erhebung von Netzwerkdaten allein hinausgeht.

Wie klein ist die (soziale) Welt?

Eine andere Untersuchungsrichtung der Netzwerkforschung geht nicht den Weg detaillierter Fallstudien, sondern den größerer Umfragen und mathematischer Simulationsmodelle. Ziel dieser jüngeren Forschung, die vor allem von Mathematikern und Physikern neu belebt wurde, ist eine Ausweitung der häufig kleinformatig bleibenden Netzwerkanalysen auf größere – man könnte sagen: gesellschaftliche – Phänomene.

Die Netzwerkanalyse arbeitet üblicherweise nicht mit dem Gesellschaftsbegriff. Die Vorstellung einer abgegrenzten und homogenen Einheit, die insbesondere strukturfunktionalistische Theorien mit dem Konzept verbindet, stößt innerhalb der Netzwerktradition auf wenig Resonanz.[17] Diese lehnt schließlich – mit Weber gesprochen – alle »Kollektivbegriffe« ab. Es gibt daher in der Netzwerkforschung keine passgenaue Entsprechung zum Gesellschaftsbegriff, weder auf nationalstaatlicher noch auf globaler Ebene. Verabschiedet man sich jedoch vom Kompaktbegriff einer normativ integrierten Gesellschaft und begreift diese vielmehr als die »Gesamtheit der Berücksichtigung möglicher Kontakte« (Luhmann 1984: 33), dann bietet es sich an, die Frage nach dem »Zusammenhalt« von Gesellschaft als ein Problem der Erreichbarkeit oder Konnektivität in Netzwerken zu reformulieren – und dies zum Ausgangspunkt empirischer Untersuchungen zu machen.[18]

Es ist keine Neuigkeit, dass die Welt ›irgendwie‹ kleiner ist, als es die schiere Unübersichtlichkeit weltweiter Kontaktmöglichkeiten nahe legt. Wem ist es noch nicht passiert, dass er zusammen mit einer Zufallsbekanntschaft einen gemeinsamen Bekannten, Freund oder Kollegen entdeckt hat? Die sich daran anschließende

Hypothese der »small world« besagt, dass sich zwischen zwei beliebigen Menschen auf der Erde eine Verbindung über persönliche Bekanntschaften konstruieren lässt, die im Durchschnitt aus etwa sechs Zwischenschritten (»six degrees of separation«) besteht.

In den 1960er Jahren versuchte der Sozialpsychologe Stanley Milgram, diese Hypothese empirisch zu überprüfen. Mithilfe eines originellen Experiments sollte die Länge der Kontaktwege von mehreren Gruppen zufällig ausgewählter Amerikaner zu einem festgelegten Endpunkt ermittelt werden (Milgram 1967; Travers/Milgram 1969): Einwohner des Mittleren Westens wurden aufgefordert, einen Brief auf den Weg zu einem Börsenmakler in Boston zu bringen, ihn dazu aber lediglich an jemanden weiterzuleiten, der ihnen selbst *persönlich* bekannt war und von dem sie vermuteten, dass er ›näher‹ an der Zielperson sei als sie selbst. Dieser nächste Bekannte wurde wiederum darum gebeten, analog vorzugehen usw. Es stellte sich heraus, dass die Länge der ›Wegstrecke‹ tatsächlich im Durchschnitt bei weniger als sechs Stationen lag – die »small world«-Vermutung schien also bestätigt. Die von den schließlich angekommenen Briefen zurückgelegte Strecke schwankte zwischen zwei und zehn Stationen; der Median lag bei einer Länge von fünf. Diese Zahl unterschätzt zwar die ›tatsächliche‹ Länge, da in ihr keine abgebrochenen Ketten enthalten sind, die schon allein aufgrund ihrer zunehmenden Länge irgendwann versandeten. Andererseits sind die meisten Ketten ohnehin suboptimal, da die Partizipanten selten die ›beste‹ Wahl für die nächste Kontaktstelle treffen.

An Milgrams Interpretation der Ergebnisse gibt es einiges auszusetzen (Kleinfeld 2002), doch wichtiger ist die Frage: War dies überhaupt ein überraschendes Ergebnis? Schließlich erreicht man über eine Kette von sechs Zwischenschritten sehr viele Personen: Die durchschnittliche Anzahl direkter Bekanntschaften ist schwierig zu bestimmen; experimentelle Ergebnisse und Schätzungen bewegen sich zwischen 500 und 6000 Personen (de Sola Pool/Kochen 1978; Freeman/Thompson 1989). Doch bereits mit 100 Bekannten pro Person käme man im zweiten Schritt auf 10.000 Bekannte von Bekannten; spätestens nach fünf Stationen hätte man einen Kontaktpool, der größer wäre als die Erdbevölkerung. Diese simple Rechnung übersieht aber eine wesentliche Eigenschaft sozialer Netzwerke: die durch überlappende Bekanntenkreise *(clustering)* entstehende Redundanz (Watts 2003: 39f.). Da sich viele der Freunde und Bekannten gegenseitig kennen (vgl. zur »verbotenen Triade« S. 17f.), ist es praktisch unmöglich, in jedem Schritt 100 *neue* Kontakte zu erreichen. Es ist also in sozialen Netzwerken keineswegs zu erwarten, dass man bereits in wenigen Schritten jeden Knoten erreichen kann. Das Milgram Experiment illustriert somit eher ein »Paradox sozialer Netzwerke« (ebd.: 41): Obwohl sie lokal hoch verdichtet und redundant sind, ist jeder Kontakt in wenigen Schritten erreichbar.

Seit Milgrams Experiment gehört die »small world«-These zum Standardrepertoire der Netzwerkanalyse (Kochen 1989; White 1992: 70ff.). Es wurden aber lange Zeit keine größeren Versuche unternommen, die Versuchsanordnung wesentlich auszuweiten. Das anhaltende Interesse schlug sich eher in kleinformatigen Anwendungen nieder, wie zum Beispiel in Studien zu Kommunikations- und Freundschaftsnetzwerken in Organisationen (Lundberg 1975) oder in Studentenwohnheimen (Bochner et al. 1976). Eine interessante Studie verwendet eine Modifikation des Milgram-Experiments, um die These im Rahmen der Lehre an Universitäten zu überprüfen (Stevenson et al. 1997). Eine andere Variante, das »reverse small world«-Experiment, arbeitet mit fiktiven Adressen, um Kriterien sozialräumlicher Verortung induktiv zu bestimmen (Killworth et al. 1984).

Erst im Sog des verstärkten interdisziplinären Interesses an Netzwerken wurde das Problem neu entdeckt, vor allem durch Physiker und Mathematiker, die in den unterschiedlichsten Kontexten darauf gestoßen waren, dass bestimmte Netzwerke trotz einer großen Zahl von Elementen eine überraschend geringe Distanz zwischen einzelnen Knoten aufweisen. Einer Erklärung dieser Tatsache kam man näher durch die Modellierung so genannter »small world«-Graphen, die zwischen regulären und zufälligen Graphen liegen (Watts/Strogatz 1998). Im *regulären Graphen* sind die Knoten nach dem Ordnungsprinzip einer Gitterstruktur *(lattice)* miteinander verbunden: Man legt beispielsweise fest, dass jeder Knoten genau vier ›Nachbarn‹ hat, von denen wiederum zwei direkt miteinander verknüpft sind; da die Wahrschein-

Abbildung 12: Regulärer Graph, »small world«-Graph und Zufallsgraph (Quelle: Watts 1999a: 68)

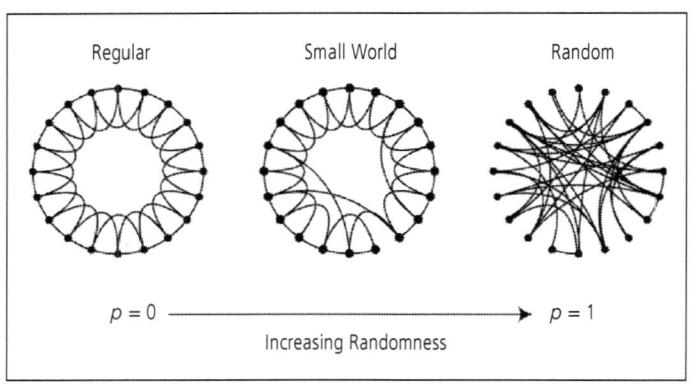

lichkeit, dass zwei Knoten direkt miteinander verbunden sind, dadurch mit der geteilten Nachbarschaft zu einem dritten Knoten zusammenhängt, gibt es im regulären Graphen eine Art lokale Struktur: Die eigenen Bekannten kennen sich größtenteils auch untereinander. Im Gegensatz dazu sind die Knoten eines *zufälligen Graphen* ohne jede Systematik miteinander verbunden. Bildet man einen regulären Graphen (mit periodischen Grenzbedingungen) und einen Zufallsgraphen kreisförmig ab, so ergeben sich die Darstellungen in der linken und rechten Hälfte von Abbildung 12.

Im regulären Graphen sind Kanten systematisch den direkten und indirekten ›Nachbarn‹ entlang der Kreisgeometrie zugeordnet, im Zufallsgraphen herrscht dagegen eine Art Struktur-Entropie. Das hat die Konsequenz, dass die Pfade zu beliebigen anderen Knoten im regulären Graphen im Durchschnitt recht lang sind. Sähen Bekanntschaftsnetzwerke so aus, wäre das Milgram-Experiment schwer zu erklären. Dessen Ergebnisse wären zwar mit dem Modell eines Zufallsgraphen vereinbar, da in diesem die durchschnittliche Distanz zwischen zwei Knoten vergleichsweise gering ist; es ist aber nicht möglich, empirische soziale Netzwerke mit den Eigenschaften zufälliger Graphen zu vereinbaren. Die Klasse der »small world«-Graphen liegt deshalb zwischen diesen beiden Extremen: Sie weisen einerseits eine Struktur auf, in der

Verbindungen überwiegend nach dem Muster eines regulären Graphen angeordnet sind, und bilden damit die oft beobachtete lokale Verdichtung sozialer Netzwerke ab; andererseits sind einige Verbindungen jedoch ›neu verdrahtet‹ und bilden nun Abkürzungen *(Shortcuts)* zu zuvor weit entfernt liegenden Regionen. »Small world«-Graphen sind also leicht modifizierte reguläre Graphen, in denen lediglich einige Brücken zwischen entfernt liegenden Punkten existieren.[19] Bereits wenige *Shortcuts* sorgen dafür, dass die durchschnittliche Pfaddistanz eines »small world«-Graphen wesentlich unter der eines regulären Graphen mit ansonsten gleichen Parametern liegt. Durch einige Querverbindungen entsteht ein großes, nicht besonders dicht geknüpftes Netzwerk, das dennoch relativ kurze Pfade zwischen beliebigen Knoten aufweist.

Diese niedrige *durchschnittliche Pfaddistanz* ist aber kompatibel mit einer hohen *lokalen »Verdichtung« (clustering)*: Bereits wenige Querverbindungen genügen, um die globale Konnektivität drastisch zu erhöhen, aber das Merkmal lokaler Verdichtung bleibt davon zunächst unberührt (Watts/Strogatz 1998: 440f.; Watts 1999b: 508). Dies erklärt den bekannten Überraschungseffekt, an dem sich das Interesse an der kleinen Welt ursprünglich entzündet hatte: Verdichtungen sind eine *lokale* Eigenschaft, die als Kontaktierbarkeit von ›Nachbarn‹ auch als solche von jedem Punkt des Netzwerks erfasst werden kann. Die durchschnittliche Pfaddistanz jedoch ist eine *globale* Eigenschaft eines Graphen, die sich nicht unbedingt in den lokalen Strukturen eines Graphen widerspiegelt. Das Modell von Watts/Strogatz löst das »Paradox« gleichzeitiger lokaler Verdichtung und globaler Konnektivität in eine Struktureigenschaft bestimmter Netzwerke auf: Die *Shortcuts* etablieren hohe Konnektivität in der *Globalstruktur*, bleiben aber für die *lokale Struktur* weitgehend folgenlos.

Wir können dieses Ergebnis auch aus einer anderen Perspektive betrachten: Das Watts-Strogatz-Modell geht von regulären Graphen mit uniformer Verteilung der Kantenzahl (*Degree*) einzelner Knoten. Indem Verbindungen lediglich neu ›verdrahtet‹ werden, ergeben sich Graphen, in denen weiterhin alle Knoten eine ähnliche Zahl von Kanten aufweisen. Die *Degree*-Verteilung ist in der zunehmenden Annäherung an einen Zufallsgraphen letztlich normal- bzw. poissonverteilt – also in gewissem Maße ›egalitär‹. Diese Normalverteilung der Kontakte impliziert, dass es einen charakteristischen Mittelwert gibt und dass jeder Knoten nur mit einem Bruchteil des gesamten Netzwerks verknüpft ist. Die Annahme, dass sich soziale Netzwerke – und insbesondere Bekanntschaftsnetzwerke – so charakterisieren lassen, ist nicht unplausibel. Löst man sich von ihr, gewinnt man jedoch die Möglichkeit, nach anderen, eventuell funktional äquivalenten Netzwerkstrukturen zu suchen.

In der Tat lässt sich zumindest ein Mechanismus der Netzwerkbildung angeben, der zu *keiner* Normalverteilung der *Degrees* führt und *gerade deshalb* ebenfalls die Merkmale einer kleinen Welt produzieren kann: das ›verzerrte‹ Wachstum so genannter »skalenfreier Netzwerke« (Barabási/Albert 1999). Skalenfreie Netzwerke entstehen durch »preferential attachment«: Neue Verbindungen werden nicht zufällig zugewiesen, sondern abhängig vom *Degree* bestehender Knoten. Je mehr Kanten ein Knoten bereits hat, desto wahrscheinlicher ist es, dass neue Knoten mit ihm verknüpft werden. Einzelne Knoten können so einen Großteil aller Kanten ›monopolisieren‹, und die *Degree*-Verteilung nähert sich daher nicht einer *Bell Curve* an, sondern folgt einem Potenzgesetz *(Power Law)*. Im Gegensatz zur Normalverteilung, in der ein charakteristischer Mittelwert existiert, ist es deshalb in skalenfreien Netzwerken nicht unwahrscheinlich, dass die meisten Knoten keine oder nur sehr wenige Kanten haben, einige besonders gut vernetzte *Hubs* hingegen eine immense Zahl von Verbindungen. Ein einschlägiges Beispiel ist die Hyperlink-Struktur des WWW, in dem auf persönliche Homepages allenfalls eine Handvoll Seiten von Freunden verweisen, auf »Google«, »Yahoo« oder andere prominente Seiten aber Millionen von Hyperlinks.

Die Analogie zu bestimmten sozialen Prozessen, die nach dem Matthäus-Prinzip (vgl. Merton 1968) funktionieren, liegt auf der Hand. Aber auf Bekanntschaftsnetzwerke (und wohl interpersonale Netzwerke generell) ist dieses Modell *nicht* direkt anwendbar. Im Gegensatz zu Netzwerken, die keinen physikalischen, technologischen oder kognitiven Schranken unterliegen (wie zum Beispiel reine Massenmedien-›Prominenz‹ ohne Interaktionsmöglichkeit), können interpersonale Netzwerke nicht beliebig wachsen. Niemand ist in der Lage, auch nur die Minimalerfordernisse persönlicher Beziehungen (Interaktionschancen, Reziprozität, Vertrauen) gegenüber beliebig vielen Personen zu erfüllen. Es macht wenig Sinn anzunehmen, dass die *meisten* Personen nur ein bis zwei persönliche Bekannte haben, einige wenige dafür aber Millionen. Genau dies wäre aber notwendig, um von einem skalenfreien Netzwerk sprechen zu können. Nur dann wäre zu erwarten, dass es mehr Personen gibt, die *keine* Kontakte haben, als Personen, die einen Kontakt haben, und diese wiederum häufiger sind als Personen mit zwei Kontakten etc. Demgegenüber ist die Annahme einer ›verzerrten‹ Normalverteilung mit Ausreißern in beide Richtungen (d.h. kontaktarmen und -reichen Personen) nicht nur anspruchsloser, sondern stimmt auch besser überein mit den verfügbaren Daten über persönliche Kontaktnetzwerke. Wenn Barabási (2002: 55f.) davon ausgeht, dass auch Bekanntschaftsnetzwerke skalenfrei sind, unterschätzt er offensichtlich die speziellen Konstitutionsbedingungen dieser sozialen Netzwerke. In persönlichen Netzwerken ist ein nahezu schrankenloses Wachstum einzelner Knoten unwahrscheinlich. Die für sie typische *Verzerrung* der Normalverteilung, also die Existenz einiger gut vernetzter *Hubs*, ist noch keine *exponentielle* Verteilung der Verbindungschancen (Amaral et al. 2000; Strogatz 2003). Viele soziale Netzwerke liegen letztlich zwischen den extremen Polen der gleichsam ›demokratischen‹ *Degree*-Verteilung im Watts-Strogatz-Modell und den ›aristokratischen‹ skalenfreien Netzwerken (Barabási/Bonabeau 2003; Urry 2004).

Die breite Anwendbarkeit der beiden Modelle auf soziale, biologische, technologische und Informationsnetzwerke (vgl. Newman 2003) legt die Vermutung nahe, es handele sich um universale Struktureigenschaften selbstorganisierter Netzwerke. Doch die Ähnlichkeiten über unterschiedliche Bereiche hinweg sollten nicht darüber hinwegtäuschen, dass mitunter sehr verschiedene Mechanismen der Netzwerkbildung zugrunde liegen. Dies wird bereits deutlich, wenn man sich auf soziale Netzwerke konzentriert. Es macht dann einen großen Unterschied, ob man Netzwerke reziproker persönlicher Beziehungen (also Kontakt- oder Bekanntschaftsnetzwerke im engeren Sinne) betrachtet oder episodische Kontakte in Berufsrollen, wie zum Beispiel Koautorschaften und Zitationsnetzwerke in Fachzeitschriften – oder gar das Netzwerk derjenigen Hollywood-Schauspieler, die zusammen in einem Film mitgewirkt haben.

Es ist instruktiv, sich den Hintergrund der zuletzt genannten Netzwerke klarzumachen, die zu den so genannten *Affiliations-netzwerken* gehören: Das Netzwerk der Hollywood-Schauspieler zum Beispiel – populär gemacht durch das »Oracle of Bacon«, das die Pfaddistanz beliebiger Schauspieler zu Kevin Bacon berechnet (http://oracleofbacon.org) – basiert auf den Besetzungslisten von Filmen aus der »Internet Movie Database« (IMDB). Bei solchen Affiliationsnetzwerken, die auf gemeinsamer Mitgliedschaft, Mitwirkung oder Ähnlichem basieren, bleibt allerdings fraglich, in welchem Sinne sie überhaupt »soziale Netzwerke« sind. Wenn zwei Schauspieler in ein und derselben Großproduktion mitgespielt haben, muss das beispielsweise nicht gleich heißen, dass sie sich auch persönlich kennen. Es ist bei größeren Produktionen nicht einmal vorauszusetzen, dass sie sich überhaupt getroffen haben. Ähnliches gilt für Organisationsnetzwerke, die aus so genannten *Interlocking Directorates* gefolgert werden (vgl. Windeler 2001; Kogut/Walker 2001).

Angesichts dieser recht unterschiedlichen Möglichkeiten, Netzwerke mit »small world«-Eigenschaft zu erzeugen, stellt sich die Frage, wann die mehr oder weniger artifizielle Verknüpfung aller mit allen eigentlich relevant wird: Unter welchen Umständen wird man überhaupt in die Verlegenheit kommen, einen Brief an einen amerikanischen Professor über fünf Zwischenstationen zu leiten – statt im Telefonbuch oder Internet die Adresse ausfindig zu machen? In vielen Fällen ermöglichen gedruckte und elektronische Adressverzeichnisse eine direktere und effizientere Adressierung (vgl. Stichweh 2000: Kap. 12). Aus diesem Blickwinkel erscheint die »small world«-Forschung beinahe als eine Art »Krisenexperiment« (vgl. Garfinkel 1967): Sie demonstriert gewissermaßen, wie Kommunikation ohne die Möglichkeit direkter Adressierung (und ohne moderne Massenmedien) noch möglich wäre. Im Normalfall wäre es allerdings wenig effektiv, wollte man Nachrichten über eine derart angelegte ›Flüsterpost‹ an den Empfänger bringen. Es stellt sich deshalb die Frage, wann Zwischenstationen im Netzwerk überhaupt aktiviert werden, um entfernte Kontakte zu erreichen. Es gibt Fälle, in denen dies durchaus wahrscheinlich ist: Zum Beispiel könnte man einen Vermittler in die Kontaktaufnahme mit einer besonders prominenten Adresse einschalten wollen, um so die Wahrscheinlichkeit zu erhöhen, dass das eigene Anliegen Beachtung findet (siehe S. 19f.). In solchen Fällen ist man darauf angewiesen, dass man »jemanden kennt, der jemanden kennt« (Luhmann 1995b: 251), und erwägt deshalb auch indirekte Wege ans Ziel. Allerdings sind der Suche nach Kontakten Schranken gesetzt. Es ist wenig wahrscheinlich, dass eine aktive Suche nach Kontakten oder Informationen sich weiter erstrecken wird als auf Kontakte zweiten oder vielleicht noch dritten Grades – nicht zuletzt deshalb, weil das Wissen über relevante Kontakte und wie man sie erreichen könnte begrenzt ist.

Unter alltagspraktischen Gesichtspunkten dürfte die Navigierbarkeit von Kontaktnetzwerken über ein bis zwei Kontakte hinaus deshalb nur von begrenztem Interesse sein. Ohnehin sollte man sich vom Forschungsdesign der Studien nicht dazu verleiten lassen, die Relevanz von Netzwerken auf die Perspektive des potentiellen *Senders* einer Nachricht zu reduzieren. Gerade für die Analyse von Globalisierungsprozessen ist dies vielleicht gar nicht instruktiv. Wichtig ist vielmehr, dass globale Erreichbarkeit es sehr wahrscheinlich macht, dass jeder Kontakt über relativ wenige Zwischenschritte – mitunter unvorhergesehen und ungewollt – zum *Empfänger* werden kann. Das ist eine wichtige Voraussetzung für Diffusionsprozesse, die ein klassischer Gegenstand der Netzwerkforschung sind (Coleman et al. 1957; Valente 1995). Erreichbarkeit heißt aber auch, dass dabei nicht nur erwünschte Übermittlungen stattfinden. Nicht umsonst besteht eine wichtige Anwendung der Netzwerktheorie darin, die Verbreitung von Infektionskrankheiten (Barabási 2002: 123ff.; Watts 2003: 162ff.) und – als informationstechnologisches Pendant – von Computerviren zu erklären (Lloyd/May 2001). Es ist nicht von der Hand zu weisen, dass gerade solche Phänomene grenzüberschreitender Übertragungsprozesse zum Kern des Globalisierungssyndroms gehören. Es stellt sich deshalb auch in kommunikativer Hinsicht die Frage, ob Erreichbarkeit in globalen Netzwerken nicht sehr viel stärker aus der Empfängerperspektive zu konzipieren wäre.

Nicht immer werden Netzwerke zur Erklärung von Diffusionsprozessen ausreichen. Sie fungieren mal äquivalent, mal komplementär zu anderen Verbreitungskanälen (wie zum Beispiel Massenmedien); außerdem können sie allein keine Diffusion garantieren, wenn sich keine entsprechend empfangsbereiten Akteure bzw. Prozessoren finden – auch dies verweist auf die Tatsache, dass Netzwerke in der Kombination mit anderen Mechanismen der Weltgesellschaft gesehen werden müssen, die Empfangsbereitschaft überhaupt erst sicherstellen (Strang/Meyer 1993). Auf jeden Fall wäre aber die These zu überprüfen, dass für das gerne beschworene »intensivere Bewusstsein der Welt als Ganzes« (Robertson 1992: 8) weniger die recht anspruchsvolle eigene Initiative zu einer Aktivierung entfernter Kontakte entscheidend ist als die sehr viel leichter zu bestätigende – und deutlich schwerer zu kontrollierende – passive Erreichbarkeit.

Diesen beiden Beispielen aus der Forschung ließen sich viele weitere hinzufügen. Sie sollten jedoch bereits einen Eindruck davon vermitteln, wie sich die Analysemethoden weiterentwickelt und verfeinert haben. Eine intensivere Diskussion über den Stellenwert von Netzwerken in der soziologischen Theorie lässt sich jedoch erst in den letzten zehn Jahren beobachten. Sie wurde im englischsprachigen Raum von etablierten Netzwerkforschern wie Harrison White vorangetrieben. Im deutschsprachigen Raum beschränkte sich die Rezeption lange Zeit auf Spezialdisziplinen wie die Organisations- und Familiensoziologie. Mittlerweile gibt es aber ein großes Interesse daran, Netzwerke auch in Universaltheorien (wie zum Beispiel der Systemtheorie) unterzubringen.

Die graphentheoretische Optik der Netzwerkanalyse ist auf die Unterscheidung von Knoten und Verbindungen eingestellt. In der Regel wird dies soziologisch so übersetzt, dass ein soziales Netzwerk aus den Beziehungen zwischen individuellen oder kollektiven Akteuren (Personen, Organisationen, Staaten) besteht. Diese Wirklichkeitskonstruktion ist kompatibel mit den unterschiedlichsten soziologischen Theorieangeboten. Zwar grenzt sich die Netzwerkanalyse gerne ab von individualistischen Theorieprogrammen, indem sie die »Einbettung« des Handelns in soziale Strukturen betont (Granovetter 1985). Das schließt es aber keineswegs aus, die Knoten selbst als nutzenmaximierende Akteure im Sinne der *Rational Choice*-Theorie aufzufassen. Man muss dann lediglich einerseits die Konstitution und Nutzung von Beziehungen aus den Nutzenkalkülen rationaler Akteure erklären, während andererseits die über Netzwerkverbindungen erreichbaren Ressourcen zu jedem Zeitpunkt die Wahlmöglichkeiten individuellen Handelns bestimmen (vgl. Cook/Whitmeyer 1992).

Man kann dies positiv interpretieren und eine Stärke der Netzwerkanalyse darin sehen, dass sie für unterschiedliche soziologische Paradigmen offen ist. Mindestens ebenso berechtigt ist es jedoch, von dieser Offenheit auf eine »Theorielücke« (Granovetter 1979) zu schließen. Wer nach allen Seiten offen ist, kann bekanntlich nicht ganz dicht sein. Demnach hätte es die Netzwerkanalyse trotz entsprechender Ankündigungen bis heute versäumt, eine *eigene* Theoriebasis zu entwickeln. Es gibt aber durchaus Ansätze, dieses Theoriedefizit zu überwinden. Eine erste Gruppe von Vorschlägen baut auf die im letzten Kapitel vorgestellten Konzepte und Studien auf und möchte die »strukturelle Intuition« der netzwerkanalytischen Empirie zu einer eigenständigen soziologischen Theorie entwickeln. Dazu wird die relationale Perspektive einerseits präzisiert, andererseits generalisiert. Eine zweite Gruppe von Theorieansätzen hat weniger eine selbständige *Netzwerktheorie* im Auge als vielmehr eine *Theoretisierung sozialer Netzwerke*. Man greift also auf bestehende Theorien zurück, um Netzwerke aus deren Perspektive zu beschreiben und einzuordnen.

Im Folgenden werden beide Herangehensweisen skizziert: Die Erste einerseits anhand der strukturalistischen Handlungstheorie, die den Einfluss von Netzwerken auf soziales Handeln zum Gegenstand hat, und andererseits anhand der stärker konstruktivistisch orientierten Netzwerktheorie von Harrison White. Beide Ansätze leiten sich aus der Tradition der Netzwerkanalyse ab und schlagen folgerichtig eine überwiegend an relationalen Grundlagen orientierte Theorie vor. Die zweite Theorieoption – Netzwerke gesellschaftstheoretisch zu verorten, aber nicht zum alleinigen Schlüsselkonzept zu erklären – wird am Beispiel der Systemtheorie vorgestellt und diskutiert werden.

1. VON DER STRUKTURELLEN INTUITION ZUR NETZWERKTHEORIE?

Für viele Netzwerkanalytiker stellt sich das Problem einer theoretischen Fundierung des Forschungsprogramms nur begrenzt. Sie begnügen sich oft damit, das Netzwerkkonzept in die Perspektive einer bestimmten Handlungstheorie, wie zum Beispiel *Rational Choice*, einzubauen. Andere wiederum verbinden mit der Netzwerkanalyse Hoffnungen auf eine relational orientierte, formale Soziologie, die sich mit existierenden Paradigmen messen kann. Damit wird in der Regel die Ablehnung sowohl »individualistischer« als auch »kollektivistischer« Erklärungsmodelle verbunden; weder das »Individuum« noch die »Gesellschaft«, sondern die intermediäre Ebene sozialer Netzwerke sollte demnach ins Zentrum einer »relationalen Soziologie« rücken (Emirbayer 1997). Begründet wird dies zum einen mit grundsätzlichen Überlegungen zur Konstitution sozialen Handelns, die sich stark an Simmels Idee der »Wechselwirkung« orientieren; zum anderen werden die Ergebnisse netzwerkanalytischer Studien generalisiert, um so das Grundgerüst einer strukturalistischen Erklärungsstrategie zu formulieren. Auf diese Weise gelangen zum Beispiel Knoke/Kuklinski (1982), Wellmann (1988) und Wasserman/Faust (1994) zu recht ähnlichen Explikationen der »strukturellen Intuition«, die Freeman (2004) als kleinsten gemeinsamen Nenner der Netzwerkanalyse ausgemacht hat. Man kann sie in den folgenden Punkten zusammenfassen:

(1) Akteure und ihre Handlungen sind *interdependent*: Gegen das bereits von Elias (2003: 265ff.) kritisierte »homo clausus«-Modell entscheidungsautonomer Individuen wird geltend gemacht, dass die Isolierung individueller Akteure und die Gegenüberstellung von »Individuum« und »Gesellschaft« in die Irre führen. Netzwerke haben gegenüber anderen Konzepten – wie zum Beispiel dem der sozialen Gruppe – den Vorteil, dass sie die Einbettung und Interdependenz nicht *a priori* auf klar begrenzte und kategorial definierte soziale Einheiten beschränken.

(2) Gegenstand soziologischer Analysen sind nicht die einzelnen Dyaden zwischen Ego und Alter, sondern deren Einbettung in ein *Netz weiterer Beziehungen*. Die Dyade zwischen A und B wird beeinflusst durch die Beziehungen zwischen B und C sowie zwischen A und D, und alle zusammen operieren nicht unabhängig von globalen Parametern wie Dichte und Konnektivität. Um solche Formen der Einbettung in größere Zusammenhänge zu untersuchen, werden Beziehungsmuster als *Netzwerke* graphentheoretisch repräsentiert und analysiert.

(3) Die selektiven Verknüpfungen in Netzwerken kanalisieren den Transfer von *Ressourcen* und *Informationen*. Die *strukturelle Position* der Akteure innerhalb eines Netzwerks beeinflusst so ihre Wahrnehmungen, Einstellungen und Handlungen und ist deshalb der Bezugspunkt soziologischer Erklärungen. Im Gegensatz zu individualistischen Theorien, die Präferenzen und Motive zur Grundlage der Handlungserklärung machen, ist also die Position in sozialen (Netzwerk-)Strukturen entscheidend. Es gilt der »anti-kategorische Imperativ«, auf Relationen und nicht auf individuelle Attribute oder soziale Kategorien zu achten (Emirbayer/Goodwin 1994: 1414).

Diese Festlegungen stützen sich auf die zahlreichen empirischen Studien, die wiederholt gezeigt haben, dass sich Netzwerkparameter zur Erklärung sozialer Phänomene nutzen lassen. Die Liste der in den vorangegangenen Kapiteln genannten Beispiele lässt sich leicht erweitern: So geht beispielsweise die Entscheidung zur Migration häufig nicht auf einen Einstellungswandel zurück, sondern auf Beziehungen zu bereits migrierten Personen (MacDonald/MacDonald 1974); Erfolgschancen auf dem Arbeitsmarkt hängen nicht so sehr von der Qualifikation der Suchenden als vielmehr von deren Positionen in den »vacancy chains« frei werdender Stellen ab – und natürlich von der Diffusion von Informationen über *weak ties* (White 1970; Granovetter 1974); die Einbettung einer Firma in langfristige Kooperationsbeziehungen erhöht ihre Überlebenschancen relativ zu anderen Wettbewerbern (Uzzi 1996); und Ungleichheiten im Weltsystem resultieren nicht nur aus der Wirtschaftskraft einzelner Staaten, sondern aus ihrer Integration in wirtschaftliche und politische Transaktionsnetzwerke (Knoke 1990: Kap. 7). Strukturelle Erklärungen sind also keineswegs auf den Bereich persönlicher Netzwerke beschränkt. Die Generalisierung der Netzwerkperspektive führt vielmehr dazu, dass auch andere Formen von Kontakten – zum Beispiel zwischen Organisationen oder Staaten – erfasst werden. Dies erfordert insofern keine größeren theoretischen Anstrengungen, als auf diese Weise lediglich das Spektrum der in Frage kommenden Elemente um Organisationen und andere ›kollektive Akteure‹ erweitert wird. Gleichzeitig steigt aber der Bedarf, die inhaltliche Bedeutung und den theoretischen Stellenwert der Beziehungen zwischen diesen Elementen zu präzisieren.

An entsprechenden Versuchen herrscht kein Mangel. Sie beschränken sich in der Regel allerdings auf zwei von drei möglichen Optionen: Entweder konzentrieren sie sich darauf, den Vorrang der Beziehungen vor individuellen Eigenschaften und Motiven zu belegen, oder sie machen sich umgekehrt daran, relationale Konzepte nachträglich in primär individualistische Handlungstheorien einzubauen. Man kann dementsprechend einen strukturalistischen *Determinismus* von einem strukturalistischen *Instrumentalismus* unterscheiden – je nachdem, ob mehr Gewicht auf die *Beziehungen* oder auf die *Elemente* der Netzwerke gelegt wird. Deutlich seltener wird die *wechselseitige* Konstitution von Relationen und Elementen explizit zum Thema gemacht – also ein strukturalistischer *Konstruktionismus* vorgeschlagen (Emirbayer/Goodwin 1994: 1424ff.).

Sowohl der Determinismus als auch der Instrumentalismus sind aber sehr einseitige Interpretationen des relationalen Programms: Die instrumentalistische Perspektive macht deutliche Zugeständnisse an den methodologischen Individualismus, indem sie Netzwerke zwar als *constraints* des Handelns konzipiert, ihre Entstehung und Transformation aber entweder gar nicht oder aber mithilfe klassischer Formeln der individualistischen Handlungstheorie erklärt. Dementsprechend interessieren Netzwerke vor allem unter den Gesichtspunkten des Austauschs von Ressourcen (Braun 2004) und der Mobilisierung bzw. Blockierung von Handlungsmöglichkeiten (Gould 1993). Netzwerkparameter kommen dann durchaus als unabhängige Variablen in Betracht, werden aber in den Kontext einer individualistischen Erklärungsstrategie eingepasst. Damit wird aber das Vorhaben, Attribute und Kategorien relational aufzulösen, zum großen Teil aufgegeben. Indem sie Netzwerke meist als exogene, selbst nicht erklärte Faktoren einführt, weist die instrumentalistische Perspektive der strukturellen Intuition einen letztlich sehr beschränkten Tribünenplatz zu – während sich auf dem Spielfeld die nutzenorientierten Akteure tummeln.

Im Gegensatz dazu nimmt die deterministische Interpretation das oben formulierte Programm sehr viel direkter beim Wort, überzieht es aber gleichzeitig, indem sie auf allzu schematische Erklärungen oder nur noch auf formale mathematische Modelle setzt. Noch augenfälliger als im empirizistisch verkürzten Strukturalismus der klassischen *Social Network Analysis* ist der Mangel an soziologischer Tiefenschärfe bei den modellorientierten Überlegungen der »neuen« Netzwerkforschung (Watts 2004). Das Interesse an der Komplexität und Dynamik von Netzwerken bleibt zum Beispiel in der »small world«-Debatte häufig auf Zahlen und Parameter begrenzt. Diese »neue soziale Physik« (Urry 2004) kämpft daher mit bekannten Problemen: Ihr gelingt es nur sehr bedingt, die mathematische Präzision ihrer Konzepte mit soziologischer Tiefenschärfe zu kombinieren. Selbst unter den Beteiligten setzt sich die Einsicht durch, dass »mathematical and computational muscle« wohl doch nicht ausreichen, um eine Theorie sozialer Netzwerke voranzutreiben (Watts 2003: 113). Es ist allerdings fraglich, ob eher ad hoc eingeführte protosoziologische Konzepte wie etwa die »Gruppenstruktur« (ebd.: 114ff.) weiterhelfen. Ein »reiner« Strukturalismus stößt dort an Grenzen, wo eine

Erklärung auf phänomenologische Daten nicht verzichten kann. Der Anspruch, eine rein ›relationale‹ oder ›strukturalistische‹ Sozialwissenschaft zu begründen, die nicht Absichten oder Attribute von Akteuren, sondern allein deren Beziehungsmuster berücksichtigt, führt in die Irre, wenn sie über der Begeisterung für formale Methoden die Sinnstrukturiertheit ihres Gegenstands vergisst.

Um dieser Tendenz zu widerstehen, muss der sozialen Produktion von Netzwerken stärkere theoretische Aufmerksamkeit gewidmet werden, als es in instrumentalistischen und deterministischen Ansätzen die Regel ist. Das Problem liegt darin, dass vor allem empirisch orientierte Netzwerkforscher unter einer »Struktur« meist das *konkrete* Selektionsmuster sozialer Beziehungen verstehen, anstatt dieses selbst als *Produkt* sozialer Strukturen zu konzipieren. Netzwerke werden dementsprechend immer noch häufig definiert als »actually existing relationships« (Radcliffe-Brown 1940: 4). Doch damit fällt die strukturalistische Netzwerkanalyse hinter den in der Anthropologie erreichten Diskussionsstand zurück. Bereits Lévi-Strauss kritisierte Radcliffe-Browns Versuch, die Sozialstruktur in Beziehungen zwischen Personen aufzulösen, obwohl doch die Strukturen den Beziehungen vorausgingen (Lévi-Strauss 1978: 330). In ähnlicher Weise argumentierte Siegfried Nadel: »[T]he orderliness *of* a plurality of relationships differs radically from the ordering of a plurality of individuals *through* relationships.« (Nadel 1957: 12) Demnach wäre zu unterscheiden zwischen der *Ermöglichung* und ›Ordnung‹ von Netzwerken durch soziale Strukturen einerseits, und der *Realisierung* bestimmter Netzwerke in Form konkreter Kontaktmuster andererseits. Durch die Gleichsetzung von sozialer Struktur mit dem Muster sozialer Beziehungen geht diese Unterscheidung aber verloren.[20]

Netzwerke entstehen nicht in einem sozialen Vakuum, sondern sind selbst bereits vorstrukturiert durch gesellschaftliche Vorgaben dafür, welche Kommunikationen und welche Kontakte überhaupt relevant werden können. Eine Netzwerktheorie muss sich bemühen, insbesondere diese *sozial*theoretische Lücke zu schließen. Das genau ist der Ansatzpunkt der dritten Alternative neben Instrumentalismus und Determinismus: Der relationale

Konstruktivismus geht davon aus, dass Beziehungen und Elemente eines Netzwerks sich wechselseitig konstituieren, und nicht davon, dass eine der beiden Seiten immer schon vorausgesetzt werden kann. Diese Perspektive ist weit weniger vorangetrieben worden als die beiden anderen. Einer der wenigen Netzwerkforscher, die sich darum immerhin bemüht haben, ist der amerikanische Soziologe Harrison White – auch wenn sein Ansatz bisher alles andere als eine voll ausgearbeitete Netzwerktheorie darstellt.

2. RELATIONALER KONSTRUKTIVISMUS: HARRISON WHITE

Im Netz der Netzwerkforscher nimmt Harrison C. White eine zentrale Position ein. Sein Name ist mit begrifflichen und methodischen Innovationen verbunden, so zum Beispiel mit der Blockmodellanalyse, die er zusammen mit Boorman und Breiger in zwei Aufsätzen entwickelte (White et al. 1976; Boorman/White 1976; vgl. S. 52ff.). Darüber hinaus hat White als Lehrer und Doktorvater die Ideen und Karrieren einer ganzen Reihe von Netzwerkforschern geprägt. Die Liste der von ihm an der Harvard University betreuten Doktoranden – unter anderem Edward Laumann, Mark Granovetter, Joel Levine, Barry Wellman, Scott Boorman, Ronald Breiger, Paul DiMaggio und Eric Leifer – liest sich wie ein *Who's Who* der Netzwerkanalyse (Azarian 2003: 213ff.). Die Gruppe dieser »Harvard-Strukturalisten« arbeitete insbesondere daran, die Grundlagen der Netzwerkanalyse auch und gerade mit mathematischen Mitteln zu präzisieren. Dies war aber von Beginn an mit dem Ziel verknüpft, dadurch die Korrespondenz zwischen empirischer Forschung und soziologischer Theorie zu erhöhen. So heißt es bei White et al. (1976: 732) programmatisch, Netzwerkkonzepte seien wohl der einzige Weg, eine *Theorie sozialer Struktur(en)* zu konstruieren.

Über Jahrzehnte hat White kontinuierlich an der Anwendung und Weiterentwicklung von Netzwerkkonzepten gearbeitet. Als Naturwissenschaftler, der erst nach seiner Promotion in theoretischer Physik unter dem Einfluss von Karl Deutsch zur Soziologie wechselte, interessierte er sich vor allem für formalisierbare, mathematische Modelle sozialer Strukturen. Diese Interessen zeigen sich deutlich in seinen Studien zu Verwandtschaftssystemen (White 1963a) und beruflicher Mobilität (White 1970) sowie in seinen späteren Arbeiten zu Produktionsmärkten (White 1981, 2002). Daneben beschäftigte ihn aber stets die von vielen beklagte Theorielücke der Netzwerkanalyse, deren Lösung er sich nicht von präziseren formalen Modellen allein erwartete.

Es ist deshalb ebenso ein Urteil über den Stand soziologischer Theorie wie über den der Netzwerkanalyse, wenn White (1992: 3) feststellt, die Sozialwissenschaften befänden sich »in the doldrums«, also in einer nachhaltigen Flaute. Seine Diagnose, dies liege an grundsätzlich falschen Weichenstellungen, entspricht der einiger anderer Theoretiker, die in der zweiten Hälfte des 20. Jahrhunderts eine Neubestimmung der Soziologie vorschlugen. Aus diesem Grund verzichtet White darauf, sich explizit mit der Fachtradition und ihren ›Klassikern‹ auseinander zu setzen – ähnlich wie Luhmann (1984), aber im Gegensatz etwa zu Habermas (1981). Stattdessen legt er mit seinem Hauptwerk »Identity and Control« (1992) einen Theorieansatz vor, der auf eingeführte Terminologien wenig Rücksicht nimmt.

Kaum eine Besprechung dieses Werks kommt ohne den Hinweis aus, dass der Rezensent angesichts der teilweise eigenwilligen Terminologie und der oft abstrakten Darstellung selbst nicht wisse, ob er oder sie Whites Vorschläge überhaupt verstanden hätte (vgl. Stinchcombe 1993). Die Kapitelorganisation und der Sprachstil erleichtern das Verständnis jedenfalls nicht. So beginnt das Buch nach einigen einführenden Absätzen mit einer Reihe von Definitionen, die im Grunde bereits voraussetzen, dass man den Rest gelesen hat. Hat man diese Schwierigkeiten einmal überwunden, stößt man auf einen originellen – wenn auch keineswegs ausgereiften – Versuch, Netzwerke ins Zentrum soziologischer Aufmerksamkeit zu rücken. Im Gegensatz zum Instrumentalismus bzw. Determinismus entwirft White zu diesem Zweck eine *konstruktivistische* Perspektive, die den sozialen Prozessen der Formierung und Veränderung von *ties* mehr Aufmerksamkeit widmet.

The Social World According to White

Der Ausgangspunkt von Whites Überlegungen ist, dass die soziale Welt bei genauerer Betrachtung ziemlich unordentlich – »messy« – zu sein scheint. Zumindest sind ihre Ordnungsprinzipien andere und komplexere als jene, die etwa in Atomen oder anderen natürlichen Systemen zu leicht identifizierbaren Mustern führen. Die soziale Welt erscheint als »a shamble rather than a tidy crystal« (White 1992: 22); sie hat also nichts gemein mit den stabilen Strukturen der atomaren Welt, sondern eher mit der wandelbaren Konsistenz von Polymeren, die je nach Zusammensetzung und Umweltbedingungen beinahe beliebige Zustände zwischen hart, gummiartig und klebrig annehmen können (ebd.: 4, 337ff.). Übertragen auf soziale Strukturen heißt das: In einem Moment scheint (fast) alles determiniert und erwartbar zu sein, im nächsten aber höchst kontingent und unübersichtlich. Und in jedem größeren sozialen Zusammenhang ist natürlich beides gleichzeitig der Fall. Die Sozialwissenschaften sehen sich konfrontiert mit einem »whirlpool of people and events« (White 1963b: 94). Eine zentrale Frage in der Soziologie Whites ist daher, wie sich der Wechsel von einem Aggregatzustand des Sozialen zu einem anderen vollzieht. Wie können soziale Beziehungen sich einerseits zu sehr erwartbaren und regelmäßigen Zusammenhängen verdichten, gleichzeitig aber stets durch »fresh action« irritiert und rekonfiguriert werden?

Was White mit dieser Charakterisierung der sozialen Welt verallgemeinert, ist zunächst einmal die Komplexität und Multiperspektivität der *modernen* Gesellschaft – beobachtet aus der Perspektive sozialer Netzwerke. Im Vergleich zu vormodernen Sozialformen erscheinen moderne Beziehungen wahlfreier, selektiver, weniger geregelt und institutionalisiert – kurz: kontingenter. White geht aus vom elementaren Baustein sozialer Netzwerke, der dyadischen Beziehung (engl. *tie*). Ähnlich wie andere Netzwerkforscher gruppieren sich alle weiteren Überlegungen um das Grundgerüst von »ties between persons, and how they chain together and spread out in social networks« (White 1993: 14). Doch White erweitert die Perspektive der Netzwerkanalyse, indem er sowohl die Verdinglichung von Netzwerkbeziehungen in weiten

Teilen der empirischen Netzwerkforschung als auch die Über-
nahme theoretischer Prämissen aus der individualistischen
Handlungstheorie kritisiert.

White positioniert seine Theorie als Alternative zu instrumentalistischen und deterministischen Ansätzen, indem er deren
Grundannahmen in dreierlei Hinsicht problematisiert: erstens
durch eine Radikalisierung der relationalen Perspektive, zweitens
durch eine phänomenologisch inspirierte Analyse der sozialen
Konstruktion von Netzwerkbeziehungen in so genannten *stories*
und drittens schließlich durch die Einbettung der Dynamik sozialer Netzwerke in umfassendere soziale Strukturen.

Identität und Kontrolle

Die erste Besonderheit von Whites Ansatz liegt in der Radikalisierung der strukturellen Intuition in Richtung eines konsequenten
Relationismus. White geht zwar von der Unterscheidung von
Element und Relation aus, aber er setzt einen sehr viel deutliche-
ren Akzent auf den Beziehungsaspekt. Er wird nicht nur stärker
problematisiert, als dies in der Netzwerkanalyse üblich ist; er wird
auch in der theoretischen Konstruktion in den Vordergrund ge-
rückt. Das heißt aber gerade nicht, dass White einen deterministischen Strukturalismus vertreten würde, in dem die »Strukturen« das individuelle »Handeln« bestimmen. Vielmehr wendet er
sich einerseits gegen einen naiven Empirismus, für den die Akteure immer schon da sind, andererseits aber auch gegen einen
Strukturalismus, der ohne Handlung als Quelle von Überraschungen auskommt. White ist nicht der erste Soziologe (und sicherlich nicht der letzte), der einen Mittelweg zwischen diesen
beiden Polen sucht. Und auch wenn seine Lösung ähnlich wie
Giddens' (1984) Strukturationstheorie gelegentlich wirkt, als be-
ruhe sie vor allem auf der verwirrenden Neudefinition bekannter
Begriffe, ist sie schon deshalb interessant, weil sie die aus Individuen und deren Beziehungen zusammengesetzte Ontologie der
klassischen Netzwerkanalyse mit einer Alternative konfrontiert, in
der die strukturelle Intuition konsistenter umgesetzt wird.

Die relationale Perspektive zu radikalisieren heißt für White, das Konstitutionsverhältnis von Person und sozialer Beziehung konsequent von Letzterer her zu konzipieren. Personen sind nicht der *Ursprung*, sondern selbst das *Produkt* von Netzwerken. Deshalb ist in den Grundbegriffen der Theorie zunächst einmal von Personen oder Akteuren wenig die Rede. Stattdessen führt White an dieser Stelle den Begriff der *Identität* ein – und verwendet ihn recht eigenwillig. Identität ist für ihn gekoppelt an »Kontrolle«: Sobald Identitäten in einen neuen sozialen Kontext eintreten, streben sie in dem Sinne nach Kontrolle, dass sie eine verlässliche Definition der Situation, mit Goffman (1974) könnte man auch sagen: einen Erwartungssicherheit gebenden »Rahmen« suchen, um ihre eigene Position zu bestimmen. Identität wird damit beobachtbar als der Ausdruck eines Bedürfnisses nach sozialer Verortung *(social footing)*. Neben diesem primären Verständnis von Identität gibt es noch mindestens drei weitere Bedeutungen (White 1992: 312-4). Zweitens nämlich kann Identität auch das soziale ›Gesicht‹ sein, das sich aus der Mitgliedschaft in einer Disziplin ergibt: ›Man ist wer‹, weil man einer Clique, einem elitären Club oder auch einer Arbeitsorganisation angehört – die Identität ist in diesem Fall aus der Zugehörigkeit zu einer umfassenderen Identität abgeleitet. Drittens gibt es eine spezifisch gesellschaftliche Form der Identität, die aus »Friktionen« zwischen den verschiedenen sozialen Kontexten entsteht. Ähnlich wie Simmel mit seiner Idee der »Kreuzung sozialer Kreise« (Simmel 1989 [1890]) stellt White hierbei ab auf die Inklusion moderner Individuen in verschiedene, nicht durchweg aufeinander abgestimmte soziale Netzwerke. Die Erwartungen des einen Bereichs können denen des anderen widersprechen, und genau daraus entsteht die unverwechselbare Identität des Einzelnen. So stellt der Teenager beispielsweise fest, dass die von Muttern gekaufte Kleidung zwar in der Familie auf Zustimmung stößt, aber in der Clique der Gleichaltrigen überhaupt nicht ankommt; der Lehrerin wiederum scheinen subtile Kleidungsunterschiede gänzlich egal zu sein. An diese Widersprüche schließt sich die vierte Ebene der Identität an: die Biographie als Ansammlung mehr oder weniger kohärenter Erzählungen, in denen Unstimmigkeiten durch die Rationalisierung vergangener Handlungen und Ereignisse größtenteils zum Verschwinden gebracht werden.

Der gemeinsame Bezugspunkt von Identität und Kontrolle lautet *Kontingenz*. Identitäten – vor allem in der White am meisten faszinierenden dritten Variante – erscheinen auf dem sozialen Bildschirm, wenn originelle und nicht vorhergesehene Handlungen auftreten (White 1992: 67, Fn. 4); sie sind die – sozial zugeschriebenen – Quellen sinnhaften und zweckgerichteten Handelns. Zugleich sind sie aber auch das Spiegelbild von Kontrollversuchen, welche die Unsicherheiten und Kontingenzen der sozialen Umwelt gerade zu minimieren versuchen. Was White hier in etwas anderer Terminologie ausdrückt, ist das gegenseitige Bedingungsverhältnis von (psychischen) *Erwartungen* und *Ereignissen* (Luhmann 1984: 362ff.). Mit Erwartungen setzt man sich den Unsicherheiten der Umwelt aus, spezifiziert aber gleichzeitig den Raum möglicher Enttäuschungen. Indem man Erwartungen über andere Akteure (und deren Erwartungen) bildet, »kontrolliert« man die Umwelt im Hinblick auf mögliche Überraschungen. Wohlgemerkt: Kontrolle heißt nicht Steuerung. Es geht zunächst einmal nur um die kognitive und teilweise soziale Kontrolle von *Relevanzen*: Welche Art von Verhalten ist im Rahmen der Beziehung akzeptabel, welche nicht – und welche Verhaltensaspekte sind irrelevant? Kontrolle bedeutet deshalb einerseits *tie management*: Direkte und indirekte Kontakte müssen gepflegt und erwartbar gehalten werden. Andererseits kann es aber auch eine Form der Kontingenzbewältigung sein, Abhängigkeiten von anderen und deren Interventionen und Kontrollversuchen zu minimieren.

White nennt dieses temporäre Suspendieren von Netzwerkbindungen *decoupling*. Damit ist nicht unbedingt soziale Isolation gemeint (auch wenn das sicherlich eine Möglichkeit ist), sondern die Unterbrechung von Netzwerkinterdependenzen, indem man sie durch andere Interdependenzen ersetzt. So mag man sich zum Beispiel zeitweise von den Erwartungen, die mit einer Freundschaftsbeziehung verknüpft sind, dadurch »entkoppeln«, dass man gegenläufige Bindungen durch die Mitgliedschaft in einer formalen Organisation in den Vordergrund stellt: Der Börsenmakler zum Beispiel kann es mit dem Verweis auf Regeln gegen Insidergeschäfte ablehnen, seinem Freund gute Anlagetipps zu geben. Im Anschluss an die Überlegungen im ersten Kapitel liegt es nahe, die Möglichkeit von Entkopplung als ein typisches Merkmal der modernen, funktional differenzierten Gesellschaft zu sehen. Rollentheoretisch formuliert heißt dies ja, dass der Zugriff von einer Rolle einer Person auf deren weitere Rollen verhindert wird. Die Mitarbeiterin im Call-Center wird auf das Ansinnen eines Kunden, etwas über ihre familiären Beziehungen zu erfahren, mit Recht und Aussicht auf soziale Unterstützung irritiert reagieren; beim Arbeitskollegen ist der gleiche Versuch bereits schwieriger abzuwehren; und gegenüber dem Partner in einer Intimbeziehung wäre es bereits ein deutlicher Affront. Inwiefern *decoupling* möglich ist, hängt also zum Teil vom Grad der Personalisierung der Beziehung ab – und davon, inwiefern formale Pflichten und universalistische Orientierungen von anderen überhaupt als Ausreden akzeptiert werden. In »korrupten« Verhältnissen dürfte es nur begrenzt möglich sein, sich der Kontrolle von Netzwerken generell zu entziehen. Wo *decoupling* einen geringen Stellenwert hat oder sozial inakzeptabel ist, muss dies durch größere Sorgfalt im Beziehungsmanagement ausgeglichen werden. Strategien der Nutzung und Manipulation von Netzwerken gewinnen dann eine besonders große Bedeutung. Niemals wird es jedoch möglich sein, sich völlig von den Kontrollversuchen anderer abzukoppeln. Folglich muss die Möglichkeit vorgesehen sein, dass mitunter divergierende Erwartungen innerhalb von Beziehungen koordiniert werden. Genau darin sieht White die Funktion von *ties*, die dementsprechend nicht ganz so eindeutig und unproblematisch ›vorhanden‹ sind oder nicht, wie es die Netzwerkanalyse oft unterstellt.

Ties und Stories

Eine weitere Umstellung in Whites Soziologie betrifft das zweite in der Regel nicht weiter problematisierte Grundelement sozialer Netzwerke, die Beziehung zwischen zwei Knoten. Während die übliche Netzwerkanalyse schon aus Gründen der Operationalisierbarkeit auf einem eher statisch-mechanischen Bild sozialer Beziehungen beruht, bemüht sich White um einen Zugang mit mehr theoretischer Tiefenschärfe. Netzwerke versteht er als

»phänomenologische Wirklichkeiten«, deren Konstruktion soziologisch zu entschlüsseln sei. Es macht allenfalls forschungspragmatisch Sinn, Netzwerkbeziehungen als mehr oder weniger festgelegte, fossilierte Kanäle sozialen Austauschs zu begreifen, die zwischen zwei Knoten entweder existieren oder nicht. Insofern die empirische Forschung darauf angewiesen ist, soziale Beziehungen derart zu vereinfachen, läuft sie auch Gefahr, mit Artefakten zu arbeiten. Die Beziehung zwischen zwei Knoten als *tie* in einem Netzwerk ähnlicher Verbindungen aufzufassen, bedeutet stets eine Abstraktion von den wechselhaften, beobachterabhängigen und in aller Regel multiplexen sozialen Beziehungen. Allerdings handelt es sich dabei, wie Marx es wohl formuliert hätte, um eine »Realabstraktion«: Soziale Kontakte werden nicht nur auf Nachfrage von Sozialforschern, sondern bereits in der Alltagskommunikation *au trottoir* zu Beziehungen *in* Netzwerken generalisiert. Besonders deutlich (und wahrscheinlich universell) kann man dies am Beispiel von Verwandtschaftsverhältnissen ablesen, die in praktisch allen Gesellschaften als von den spezifischen Personen abstrahierende Beziehungen zwischen Vätern, Müttern, Söhnen, Töchtern, Großeltern usw. im Netzwerk ›der‹ Verwandtschaft repräsentiert werden können. Zumindest in der modernen Gesellschaft ist es darüber hinaus üblich, weitere Beziehungsformen, wie zum Beispiel Freunde, Bekannte und Kollegen, auf diese Weise zusammenzufassen.

Es ist demnach keineswegs falsch, wenn die Netzwerkanalyse annimmt, sie habe ›tatsächliche‹ Beziehungen zum Gegenstand. Allerdings ist der Zugriff auf Beziehungen vermittelt über die stets schon vorhandenen, sozial produzierten Zu- und Beschreibungen sozialer Kontakte. White bezeichnet diese kompakten Beschreibungen direkter und indirekter sozialer Beziehungen als *stories*. Sie sind das eigentliche Substrat sozialer Netzwerke, da sie nicht nur die pure *Faktizität*, sondern die *Bedeutung* sozialer Kontakte repräsentieren. Der reine Bericht über eine Interaktionsepisode ist der Rohstoff für, aber selbst noch keine *story*. Von einer *story* ist nur dann zu sprechen, wenn sie als summarische (Selbst-)Beschreibung zahlreicher Episoden und Berichte gelten kann. Mit einer *story* wird eine Definition der Beziehung kommuniziert, in der sich die mitunter widerstreitenden Perspektiven und Interessen der Beteiligten niederschlagen. Indem sie im Netzwerk zirkuliert, koordiniert sie nicht nur die Erwartungen der Beteiligten, sondern auch die Erwartungen Dritter. Die Identifizierbarkeit der Netzwerkknoten durch Namen ist die wichtigste Grundlage von *stories*. An sie knüpfen sich Geschichten und Klatsch über spezifische Handlungen und Situationen, aus denen die Beteiligten Rückschlüsse auf die Netzwerkkontakte ziehen. Das Material für Geschichten beginnt beim Schulhofklatsch (›Anna liebt Hans‹), kann aber auch sehr viel komplexere, jahrzehntelange Beziehungen betreffen.

Das *story*-Konzept und die damit verbundene Charakterisierung von Netzwerkbeziehungen erinnert an die »negotiated order« des symbolischen Interaktionismus (vgl. Strauss et al. 1963). Das Feld sozialer Beziehungen, das White beschreibt, ist bestimmt durch die Aushandlung von Definitionen und Erwartungen. Demnach ist eine Art *working consensus* nötig, der durch die *Unterstellung* reziproker Perspektiven koordiniertes Handeln überhaupt ermöglicht (vgl. auch Fine/Kleinman 1983). Im Gegensatz zu Parsons – aber im Einklang mit anderen Sozialtheorien von der Ethnomethodologie bis zur Systemtheorie – begreift White das Zustandekommen und die Bewährung dieser Unterstellung als durchaus voraussetzungsvoll. Ohne das Konzept zu erwähnen, bringt er damit das Problem der »doppelten Kontingenz« ins Spiel: Jeder kann so handeln, wie es der andere erwartet – oder auch anders; und beide unterstellen, dass der andere dies weiß – und seinerseits erwartet (Luhmann 1984: 148ff.). Der Strukturfunktionalismus ging noch davon aus, dass das Problem doppelter Kontingenz durch die Vorgabe gesellschaftlicher Normen gelöst sei. Aber Normen sind erstens nur eine von mehreren Alternativen, um den Zirkel wechselseitiger Intransparenz und Abhängigkeit zu durchbrechen, und zweitens eliminieren weder Normen noch andere stabile Erwartungen die Möglichkeit, in der konkreten Situation eben doch anders zu handeln (Kieserling 1999: 86ff.). Das heißt: Die Lösung muss nicht in einem anspruchsvollen normativen Konsens, also in der Sozialdimension liegen. Sofern nur ein Beteiligter sich *zuerst* festlegt – zum Beispiel durch eine freundliche Geste oder eine Vorleistung –, kann bereits der Anfang selbst genügend Strukturwert haben, um darauf aufzubauen. Aber auch dann ist das weitere Geschehen keinesfalls festgelegt, sondern lediglich das Problem doppelter Kontingenz in eine bereits artikulierte Form gebracht.

Mit dem *story*-Konzept weist White auf die Bedeutung und Kontrolle doppelter Kontingenz in sozialen Beziehungen hin: Einerseits wird durch eine *story* ein Rahmen von Erwartungen geschaffen, an dem sich Handlungen orientieren; andererseits ist dieser Rahmen nicht ein für allemal festgelegt – und er determiniert auch nicht die möglichen Handlungen. Es wird ein Bereich des Erwartbaren definiert und in diesem Sinne »Kontrolle« ausgeübt, aber das schließt unerwartete Handlungen und Ereignisse natürlich nicht aus. Es spezifiziert lediglich, was als Überraschung in Frage kommt. Interessant an dieser Problemfassung ist, dass die Artikulation doppelter Kontingenz nicht pauschal an ›die‹ Gesellschaft delegiert wird, sondern eine Formel vorgelegt wird, die den Eigenbeitrag von »Interaktionszusammenhängen«, also einheitlich erwartbaren Interaktionsepisoden betrifft (vgl. ebd.: 221ff.). In einzelnen Interaktionsepisoden muss nicht alles ›ausgehandelt‹ werden, weil sie nicht in einem sozialen Vakuum stattfinden. Whites Theorie ist deshalb kein Interaktionismus, der davon ausginge, dass in jeder Situation alles in Frage gestellt werden könnte. Anhand von *stories* wird der Rahmen von Beziehungen mit einer gewissen Verbindlichkeit und Autorität definiert, aber die ›Aushandlung‹ dieser Definition findet nicht als Vertragsverhandlung statt, sondern im Zuge einer inkrementellen Kontrolle von Kontingenzen durch schrittweise Festlegungen.

Indem er die Kontingenz sozialer Beziehungen betont, wendet sich White gegen das pure Registrieren von Schnappschüssen in Teilen der empirischen Forschung. Dabei unterscheidet er allerdings nicht deutlich zwischen *grundsätzlichen* Ungewissheiten, die zum Beispiel das reine ›Bestehen‹ einer Beziehung in der Zeit betreffen, und solchen, die *gesellschaftlich* konditioniert sind. So macht es beispielsweise einen Unterschied, dass erst in der modernen Gesellschaft das Reservoir potentieller Kontakte nicht grundsätzlich auf bestimmte soziale Gruppen beschränkt ist, zum Beispiel auf die Angehörigen eines Stammes oder einer Schicht. Damit werden Sicherheiten des Erwartens ersetzt durch die Ungewissheit, dass man »von *jedem* Menschen *alles* Verhalten zu erwarten hat« (Luhmann 1984: 428). Gleichzeitig ist klar, dass die in der Moderne gesteigerte Kontingenz der persönlichen Kontakte durch die Möglichkeit kompensiert wird, den Stellenwert von Personen zu reduzieren, beispielsweise durch die Orientierung an Rollen und Programmen, die von Personen absehen. Die Ausarbeitung von Formen der Einbettung und Spezialisierung sozialer Netzwerke ist die dritte Besonderheit in Whites Netzwerktheorie.

Disziplinen, Catnets und Netdoms

Eine weitere Umstellung, die White gegenüber anderen strukturalistischen Ansätzen vornimmt, treibt die Idee einer sozial- und gesellschaftstheoretischen Fundierung von Netzwerken, die bereits dem *story*-Konzept zugrunde liegt, einen Schritt weiter. *Ties* sind nicht nur in ihre eigene Geschichte verstrickt und gewinnen durch *stories* ihre im engeren Sinne soziale Bedeutung, sie können in weitere soziale Formationen eingebettet sein, nämlich in »Disziplinen«, *catnets* und *network domains*.

Mit dem Konzept der Disziplinen *(disciplines)* macht White einen noch unausgearbeiteten Vorschlag für die Grundbausteine der sozialen Ordnung.[21] Innerhalb der White zufolge eher unordentlichen und unübersichtlichen Welt der *ties* und *stories* sind Disziplinen Inseln der Ordnung, Regelmäßigkeit und Vorhersehbarkeit, die jedoch lokal begrenzt bleiben. Eine Disziplin ist ein »soziales Molekül« (White 1992: 22), das Identitäten – als die ›Atome‹ der sozialen Welt – in ein gemeinsames Kräftefeld einbindet, indem sie Kriterien für die *Vergleichbarkeit* von Identitäten bereitstellt und diese so in eine neue, ›kollektive‹ Identität *einbettet*. Disziplinen beruhen also auf generalisierten und verbindlichen *stories*, die den Wechsel einzelner Identitäten überdauern. Ausgehend von den relativ starren Dominanzkriterien in primitiven Hackordnungen rekonstruiert White die Differenzierung verschiedener sozialer Vergleichsmaßstäbe, die solchen lokalen Ordnungen zugrunde liegen können. Es gibt demnach *keine* gesellschaftsweite Rang- oder Schichtungsordnung, sondern eine Mehrzahl miteinander konkurrierender oder wechselseitig indifferenter Ordnungsprinzipien.

White schlägt eine Taxonomie von Statusordnungen vor, die drei Disziplinen nach ihren Mitgliedschafts- und Rangkriterien unterscheidet: In der *arena* reduziert sich Vergleichbarkeit darauf, dass man dazugehört oder nicht; durch Selektion wird die ›Passung‹ der Mitglieder und somit die ›Reinheit‹ der *arena* sichergestellt. So ist es für ein informelles Abendessen ebenso wie für einen Auktionsmarkt entscheidend, dass zueinander passende Identitäten ausgewählt werden: Das Abendessen kann als Disziplin nicht funktionieren, wenn dazu der eigene Chef, die Jugendliebe und die Urlaubsbekanntschaft eingeladen werden; und die Auktion schlägt fehl, wenn Briefmarkensammler auf Kunsthändler treffen. Im *council* dagegen steht die Fähigkeit, andere zu mobilisieren, im Vordergrund. Daraus leitet sich der Rang in Prestigehierarchien ab, die nach Dominanz und Unterordnung geordnet sind. Der Häuptling in einer Stammesgesellschaft, der auf die Mobilisierungsmöglichkeiten entlang der Allianzen mit anderen Clans vertrauen kann, ähnelt strukturell dem Dekan, der die Fraktionen in der Fakultät einzuschätzen weiß. Der Rang in der Prestigehierarchie hängt vom Verlauf vergangener und der Einschätzung zukünftiger Mobilisierungsprojekte ab, weshalb es im *council* vor allem auf die Kontrolle der Mitgliederfluktuation und der Ressourcenströme ankommt. Im *interface*, der ›Produktionsdisziplin‹, geht es schließlich um die *Qualitäten* der individuellen Beiträge *einer* Gruppe – beispielsweise der Produzenten bestimmter Güter – die von einer *anderen* Gruppe – den Abnehmern oder Konsumenten – beobachtet und verglichen werden. Durch die Teilnahme an einem *interface*, zum Beispiel am Markt für Tiefkühlpizzen (Leifer/White 1987), ›verpflichtet‹ sich der Produzent auf ein bestimmtes Arrangement von Qualitäts- und Preiskombinationen, das ihm mögliche Marktnischen vorgibt.

In allen drei Fällen wird eine Generalisierung von Bewertungskriterien etabliert, die es überflüssig macht, jeden mit jedem zu vergleichen. Wer sich für den Weizenpreis interessiert, muss nicht den Kunsthandel beobachten; der universitäre Mikropolitiker kann die außenpolitischen Entwicklungen vernachlässigen;

und der Pizzahersteller liest den »Guide Michelin« nicht aus professionellen Gründen. Darin liegt die Komplexitätsreduktion und Stabilität von disziplinierten gegenüber ungebundenen Beziehungen: Man bewegt sich in einem überschaubaren Bereich, in dem praktikable Beobachtungsvereinfachungen zur Verfügung stehen. Das Konstruktionsprinzip dieser ›Molekularsoziologie‹ ist das der *Selbstähnlichkeit*: Disziplinen können auf allen Ebenen des sozialen Lebens und in komplizierten Verschachtelungen auftreten. Sie stellen selbst Identitäten dar, die in weitere Disziplinen eingebunden werden können. Das erinnert an Parsons' Vierfelder-Methode, die ja ebenfalls nach dem Muster russischer Matroschka-Puppen funktioniert: In jeder Box des AGIL-Schemas finden wir wiederum ein AGIL-Schema. In ähnlicher Weise können die Disziplinen als Bausteine der sozialen Ordnung wiederum eingebunden sein in soziale Netzwerke – die Fakultät unterhält Beziehungen zu anderen Fakultäten und zum lokalen Pizzalieferanten, das Auktionshaus zu Kunstgalerien. Disziplinen können aber auch ihrerseits in weitere Disziplinen eingebettet sein – zum Beispiel, indem das *interface* der Universitätscafeteria eine eigene Rolle im *council* der Universitätspolitik spielt.

Wenn die rigide und recht anspruchsvolle Kopplung von Identitäten in einer Disziplin nicht möglich ist, bleibt immer noch die Möglichkeit, beliebige Attribute zur Zusammenfassung zu benutzen. Die daraus entstehenden Strukturen bezeichnet White als *catnets (categorical networks)*. Damit trägt er der Tatsache Rechnung, dass relationale Verknüpfungen oft eng mit bestimmten Eigenschaften gekoppelt sind: Es gibt Netzwerke unter Jugendlichen und Senioren, ethnische Netzwerke, Physiker- und Soziologennetzwerke usw., die sich nur wenig überlappen. Nicht einfach von Kategorien zu sprechen rechtfertigt sich dadurch, dass die gemeinsame Zugehörigkeit zu einer Kategorie häufig mit *indirekten Beziehungen* korreliert: Die Wahrscheinlichkeit, gemeinsame indirekte Kontakte zu haben, ist für zwei Soziologinnen größer als für einen Soziologen und einen Auslandschinesen. Sie werden deshalb eher geneigt sein, die Zugehörigkeit zu einer Kategorie zumindest als Ausgangspunkt einer Beziehung zu verstehen.

Geht es hingegen weniger um die kategoriale Gleichheit der Knoten als vielmehr um einen bestimmten Typus von Beziehungen, verwendet White die Bezeichnung *netdom (network domain)*. Voraussetzung für *netdoms* ist, dass sich Typen spezialisierter Beziehungen unterscheiden lassen (vgl. White 1995). Im Gegensatz zu Disziplinen sind *netdoms* allerdings nicht als eigene soziale Einheiten voneinander abgegrenzt. Es wird sogar häufig der Fall sein, dass dieselben Personen in mehrere *netdoms* gleichzeitig involviert sind, zum Beispiel wenn Arbeitskollegen zugleich Mitglieder im Kegelclub und Nachbarn sind. Erstrecken sich Beziehungen aber über mehrere Bereiche *(domains)*, kann es problematisch werden, den aktuell bedeutsamen Beziehungsaspekt zu bestimmen. Anders ausgedrückt in bekannterer Terminologie: Die Begegnung mit denselben Personen in unterschiedlichen Rollen kann zu Konflikten oder Ambiguitäten führen: Lasse ich den Vorgesetzten beim Sport gewinnen, um die Beförderung nicht zu gefährden? Oder versuche ich umgekehrt, meine Dominanz in diesem Feld zur Kompensation für Unterordnung im Büro zu nutzen?

Aus derartigen Situationen lässt sich eine Art Phänomenologie des Beziehungsmanagements entwickeln, die Möglichkeiten und Schwierigkeiten des Wechselns *(switching)* zwischen den verschiedenen *netdom*-Registern rekonstruiert (Mische/White 1998). Gerade wenn es um den Wechsel von partikularistischen zu universalistischen Orientierungen geht, kann das *switching* problematisch sein und besonderer Vorkehrungen bedürfen. Ein gutes Beispiel dafür sind Paare, die sich auch in professionellen Rollen begegnen: So erläuterte der mit einer Spielerin liierte Trainer der deutschen Hockey-Nationalmannschaft einmal, dass die beiden den möglichen Rollenkonflikt dadurch zu verhindern suchen, dass sie sich beim Übergang vom einem zum anderen *netdom* sogar explizit voneinander verabschieden; auf dem Weg zum Trainingsplatz sagen sich die Liebenden also »Tschüss«, um sich gleich danach als Trainer und Spielerin wieder begrüßen zu können.

An dieser Stelle soll das netzwerktheoretische Vokabular Whites, das auch noch Stile, Institutionen und Regime umfasst, nicht weiterverfolgt werden. Die Darstellung von Disziplinen, *catnets* und *netdoms* sollte verdeutlicht haben, worum es White in diesem Teil seiner Theorie geht: um die Ergänzung einer im strengen Sinne relationalen Soziologie um offenbar schwer zu ignorierende Aspekte kategorialer Zugehörigkeit und gesellschaftlicher Differenzierung. White versäumt es allerdings, eine gesellschaftstheoretische und historische Interpretation dieser Begriffe anzubieten. Es ist schwierig, dies in einer ›molekular‹ angelegten Soziologie zu leisten, die keine Evolution gesellschaftlicher Strukturprinzipien kennt.

So instruktiv Whites Theorie aus der ›Nutzerperspektive‹ sozialer Netzwerke ist, so beschränkt ist ihr Horizont an dem Punkt, an dem sie Netzwerke mit anderen, möglicherweise nicht per se netzwerkartigen Sozialstrukturen in Beziehung setzen müsste. Gerade die zuletzt erläuterten Konzepte sind aber durchaus anschlussfähig an gängige soziologische Terminologien, wie zum Beispiel die der Rollen- oder der Differenzierungstheorie. In jüngster Zeit betont White selbst die Nähe seiner Überlegungen zu systemtheoretischen Konzepten (White 2005). Im Hinblick auf die Distanz zum üblichen Individualismus der empirischen Forschung sind Anhaltspunkte dafür vorhanden. Wie wir im nächsten Abschnitt allerdings sehen werden, muss für einen Vergleich zwischen relationalem Konstruktivismus und Systemtheorie zunächst das Verhältnis der beiden Schlüsselkonzepte – Netzwerk und System – geklärt werden.

3. NETZWERKE UND SYSTEME

Es mag mit der Konjunktur des Netzwerkbegriffs zusammenhängen, dass in den letzten Jahren verschiedene systemtheoretische Varianten des Themas entwickelt wurden. In gewisser Weise kehrt die Netzwerktheorie damit an ihren Ausgangspunkt zurück, der ja unter anderem in der Unzufriedenheit mit der älteren, strukturfunktionalistischen Systemtheorie lag. Es stellt sich die Frage, ob sich durch die von Luhmann vorgenommene Umstellung auf eine Kommunikationstheorie die Lage soweit geändert hat, dass nunmehr eine Verbindung system- und netzwerktheoretischer Konzepte möglich ist. Ein plausibler Weg zur Beantwortung dieser Frage führt über die Klärung des Verhältnisses von Netzwerken und Systemen. Macht der Netzwerkbegriff den Systembegriff überflüssig – oder umgekehrt? Stellen Netzwerke einen eigenständigen Systemtypus dar? Oder liegt ihre Bedeutung darin, dass sie zwischen Systemen vermitteln? Es muss angesichts des weiten Bedeutungshorizonts des Netzwerkbegriffs nicht verwundern, dass das Spektrum der Antworten die Bejahung all dieser Fragen umfasst. Allerdings wird man dadurch nicht in jedem Fall dem Anwendungsbereich und den Prämissen der Netzwerkforschung gerecht.

Netzwerke in der Systemtheorie

Der *erste* Versuch, Netzwerke in die Systemtheorie zu integrieren, ist in gewisser Hinsicht der einfachste, aber auch der am wenigsten überzeugende. Orientiert an der Unterscheidung von Interaktion, Organisation und Gesellschaft als drei Typen der Bildung sozialer Systeme (Luhmann 1975b) – und unterstützt durch die spätere, zunächst etwas halbherzige Hinzufügung von Protestbewegungen (Luhmann 1996) – könnte man vermuten, bei Netzwerken handele es sich um eine weitere, bislang unentdeckte Spezies sozialer Systeme. Gunther Teubner (1993) schlägt dementsprechend vor, Netzwerke als eine weitere Emergenzebene zwischen Organisation und Gesellschaft zu begreifen. Dafür spricht die Analogie dieser Einordnung zur geläufigen Charakterisierung von Netzwerken *im Bereich der Wirtschaft* als eine Ebene der Koordination jenseits von Markt und Hierarchie (Powell 1991). Damit ist aber auch gleich die erste Einschränkung benannt: Allenfalls ein kleiner, auf Organisationen bezogener Teil der Interessen der Netzwerkforschung wird dadurch erfasst. Ein weiteres Problem liegt darin, dass die »Autopoiesis« dieser Netzwerke nicht erkennbar ist – es bleibt also unklar, inwiefern sie sich durch eine Verkettung gleichartiger Elemente selbständig (re-)produzieren. In Organisationsnetzwerken wird wirtschaftlich *und* rechtlich (und wahrscheinlich auch noch anders) kommuniziert, aber daraus ergibt sich noch keine eigene Ebene der Ordnungsbildung (vgl. Kämper/Schmidt 2000: 220-222).

Ein *zweiter* Vorschlag tritt bereits in Form einer eigenständigen Theorie auf, die im Grunde nur wenig von Systemen, dafür umso mehr von Netzwerken handelt. Stephan Fuchs (2001b) orientiert sich an den vielfältigen Gebieten der Netzwerkforschung und hat kein Interesse daran, den Netzwerkbegriff auf rechtliche, wirtschaftliche oder sonstige Spezialformen von Kommunikation zu beschränken. Vielmehr spricht er Netzwerken all jene Qualitäten zu, die für Sozialsysteme generell gelten: Sie bestehen aus Kommunikationen, die »Personen« lediglich als Zurechnungspunkte für Kommunikation erzeugen; sie können zwischen sich und einer Umwelt unterscheiden; und sie stellen ihre Elemente selbst her. Kurz gesagt: Sie haben ihre eigene »Autopoiesis«. Dies wird kombiniert mit der Vorstellung von vier »emergenten Modi« sozialer Assoziation: Interaktionen *(encounters)*, Gruppen, Organisationen und Netzwerke (ebd.: Kap. 5 und 6). Indem Netzwerke als das Schlüsselkonzept eingeführt werden, verdichtet sich der Eindruck, dass hier eine Umetikettierung systemtheoretischer Begriffe stattfindet: Systeme generell und insbesondere gesellschaftliche Teilsysteme werden zu »Netzwerken«. Damit aber scheint nicht sonderlich viel gewonnen – außer dass ein angelsächsisches Publikum sich mit der Systemtheorie vertraut machen kann, ohne je von Systemen gehört zu haben. Was aber fehlt, ist eine eigenständige Begründung dafür, warum man von Netzwerken *statt* (oder auch nur *zusätzlich* zu) Systemen sprechen sollte.

Der *dritte* Vorschlag ist in dieser Hinsicht besser mit den gängigen Modellen abgestimmt und begreift Netzwerke als eine Verknüpfungstechnik. Dies kann zunächst in einem eher allgemeinen Sinne den Sachverhalt bezeichnen, dass sich innerhalb der Form funktionaler Differenzierung vielfältige heterarchische Ordnungen bilden, also keine gesellschaftliche Hierarchie mehr existiert, wie dies zu einem gewissen Grad in stratifizierten Gesellschaften noch der Fall war. Spezifischer kann man aber auch System-zu-System-Beziehungen im Blick haben, die sich zu einer Art ›Kontakt-‹ oder ›Zwischensystem‹ verfestigen. Luhmann hat im Zusammenhang seiner Verfahrenstheorie Kontaktsysteme dort vermutet, wo »dieselben Beteiligten häufiger aus verschiedenen Anlässen zusammentreffen und dabei in wechselnde Abhängigkeit voneinander geraten« (Luhmann 1983: 75). Gemeint sind Kontakte sowohl zwischen Verwaltungen und Interessenverbän-

den als auch zwischen Personen, zum Beispiel Richtern und An-
wälten. Kämper und Schmidt (2000: 234) haben ähnliche Phänomene vor Augen, beschränken sich aber darauf, solche über
wiederholte Interaktion vermittelten Kontakte »ausschließlich auf
der Ebene von Organisationen« zu verorten, wo sie dann zu einer
»strukturellen Kopplung« der beteiligten Organisationen führen.
Dass Netzwerke als Verknüpfungen – zwischen Personen, Organisationen, Staaten – aufgefasst werden können, ist unumstritten.
Doch erneut scheint die Einschränkung auf Organisationen eine
Überanpassung an spezifische Forschungsinteressen zu sein, die
nur schlecht mit dem sehr viel weiteren Anwendungsbereich des
Netzwerkbegriffs harmoniert.

Eine um den Aspekt persönlicher Netzwerke erweiterte Fassung hat *viertens* Veronika Tacke (2000) entwickelt. Sie bricht einerseits mit der Engführung auf Organisation und kommt damit
den Interessen der Netzwerkforschung entgegen. Andererseits
versucht sie nicht, Netzwerke als eigenen Systemtyp oder gar als
Systemform schlechthin zu interpretieren, sondern koordiniert
ihr Vorhaben mit den vorhandenen Theoriemitteln. Sie geht von
der Form funktionaler Differenzierung aus, die Personen und
Organisationen in verschiedenen Sachbereichen zu Quelle und
Ziel von Kommunikation macht: Man ist als Wähler registriert,
führt ein Bankkonto, kann als Staatsbürger Rechte in Anspruch
nehmen usw. – kurz gesagt: Personen sind in verschiedene Funktionsbereiche inkludiert und werden dadurch in vielfältiger Hinsicht »adressierbar«. Durch die Simultan-Inklusion in unterschiedliche Funktionssysteme wird ein und dieselbe Adresse in
mehreren »Kontexturen« von Sinnverweisen anschlussfähig – sie
wird zu einer »polykontexturalen Adresse« (P. Fuchs 1997). Auf
dieser Grundlage entstehen Netzwerke aus dem *reflexiven Um-
gang mit Adressen*: Jede Adresse kann als Verweis auf weitere
Adressen in verschiedenen Funktionssystemen dienen und in
dieser Hinsicht »angesteuert« werden; über Adressen werden also Kontaktmöglichkeiten reflexiv verknüpft, so dass neue Kontaktmöglichkeiten entstehen. Es kommt dann zu einer mehr oder
weniger systematischen Verwaltung von Kontakten in »Adressbü-
chern«, die das in mobilisierbaren Adressen steckende Sozialkapital organisieren und zugänglich machen. Da Netzwerke sich die

Möglichkeiten funktionaler Differenzierung über die Ansteuerung polykontexturaler Adressen zunutze machen, sind sie »Formen *sekundärer* Ordnungsbildung« (Tacke 2000: 298). Insofern sie nach dieser Lesart von den Sinnressourcen der Funktionssysteme abhängig sind und sich von diesen ›ernähren‹, kann man sie auch als »parasitäre Formen der Strukturbildung« bezeichnen, die »auf funktionaler Differenzierung beruhen und diese als gesellschaftliche Primärstruktur voraussetzen« (ebd.: 317).

Zusammenfassend bieten sich die letzten beiden Vorschläge sicherlich am ehesten an, um die Perspektiven von Netzwerk- und Systemtheorie anhand ähnlicher Gegenstandsbereiche zu vergleichen. Die Ansätze von Teubner und Fuchs hingegen erhellen kaum das Verhältnis zwischen Netzwerken und Systemen, indem sie entweder Netzwerke zu Systemen oder Systeme zu Netzwerken erklären. Durch die Gleichsetzung von Netzwerken und Systemen wird aber unterschlagen, dass bisher die Unterschiede größer zu sein scheinen als die Gemeinsamkeiten. Während Systeme sich durch eine eigene Operationsweise von einer Umwelt *abgrenzen*, zeichnen sich Netzwerke gerade durch Unabgeschlossenheit aus: »*[N]etworks do not have boundaries.*« (White 1995: 1039, Herv.i.O.) Der Versuch, Netzwerke als Form struktureller Kopplung zu begreifen, macht plausibel, wie es zu stabilen System-zu-System-Beziehungen kommt; er wäre allerdings zu erweitern um eine Perspektive, die nicht nur Organisationsbeziehungen kennt. Dies leistet die Fassung von Tacke, die am ehesten der Vorstellungswelt der Netzwerkanalyse entspricht und mit dem Begriff der »Adresse« ein systemtheoretisches Pendant zum dort oft unterbestimmten Akteursbegriff bietet. Wenn wir die recht lange Geschichte der Netzwerkanalyse und vor allem ihre Anfänge in der britischen Sozialanthropologie im Auge haben, müssen wir jedoch fragen, ob die Beschränkung auf funktionale Differenzierung plausibel und nötig ist. Sicherlich *ändern* sich die Bedingungen für Netzwerkbildung mit dem Wechsel der Differenzierungsform. Dies ist ja auch der Hintergrund der Überlegungen Whites zu ›modernen‹ *ties*. Doch das muss keineswegs heißen, dass Netzwerke nur als von Funktionssystemen abhängige ›Parasiten‹ entstehen können. Vielmehr gab bzw. gibt es

Netzwerke auch unabhängig von funktionaler Differenzierung, zum Beispiel in vormodernen, segmentären oder stratifizierten Gesellschaften.

Netzwerke und gesellschaftliche Differenzierung

Was *segmentäre Gesellschaften* anbelangt, haben wir es wohl in der Tat mit einem Grenzfall zu tun. Sofern animistische Weltbilder vorherrschen, fällt ein Vergleich mit modernen Verhältnissen schwer. Wenn Bäume und Steine als Quellen und Adressen von Kommunikation in Frage kommen, könnte man sich zwar Anwendungen der *Actor-Network-Theory* (Latour 1997) ausmalen, hat aber Schwierigkeiten, sich darunter reziproke Sozialbeziehungen nach heutigen Verständnis vorzustellen. Im Bereich sozialer Beziehungen in diesem engeren Sinne stellt sich schon angesichts der überschaubaren Größe von Stammesgesellschaften das Problem der Kontaktselektion nicht in der Weise, wie dies für komplexere Gesellschaften der Fall ist. Zumindest innerhalb der lokalen Gruppe kann hier durchaus noch praktisch jeder mit jedem eine direkte Beziehung unterhalten. Es ist daher wenig plausibel anzunehmen, dass eine Unterscheidung zwischen persönlichen Kontakten und anderen, möglichen Kontakten überhaupt nötig und sinnvoll ist. Allerdings kennen auch Stammesgesellschaften bereits translokale Kontakte, zum Beispiel zu der matrilinearen Herkunftsfamilie, sofern die Frau aus einem anderen Clan kommt. Gerade für diese Beziehungen verwenden Sozialanthropologen den Ausdruck »Netz« oder »Netzwerk«, da diese die einzelnen Clans miteinander verbinden. An translokalen Beziehungen entlang wird auch der Sozialhorizont der Stammesgesellschaft in Form reflexiver Adressen deutlich: »Hence the native thinks of his matrilinear kinship bonds as linking him to such-and-such a person of a different clan, who is himself linked similarly to someone in yet another clan, and so on to the limits of his social horizon.« (Fortes 1949: 291) Wie Fortes gleichzeitig betont, dürften die konkreten Anlässe für eine Exploration dieses Horizonts allerdings deutlich seltener sein als in komplexeren Gesellschaften.

In *stratifizierten Gesellschaften* unterscheiden sich die Netzwerke der adeligen Oberschicht und der überwiegend agrarisch lebenden Unterschicht. Für letztere gilt aufgrund der starken Ortsgebundenheit Ähnliches wie für segmentäre Gesellschaften. Hier hat der Nachbar eine große Bedeutung für reziproke Hilfe- und Unterstützungsleistungen – wobei die Motivation durch die Ähnlichkeit der Lebensverhältnisse gleich mitgeliefert wird. Ihre Auferlegtheit durch äußere Umstände unterscheidet diese Beziehungen aber von modernen persönlichen Kontakten (vgl. für das antike Griechenland Schmitz 2004). Es mag zu weit gehen, daraus gleich den Schluss zu ziehen, in der Unterschicht spielten persönliche Beziehungen überhaupt keine Rolle, wie Luhmann (1975c: 454) dies tut: »Angehörige der Unterschichten haben und brauchen im Verhältnis zueinander keine ›Beziehungen‹.« Doch der Kontrast zu den Oberschichten ist offensichtlich. Nur diese zeichnen sich dadurch aus, dass sie translokale und überregionale Kontakte entwickeln und pflegen, die sehr unterschiedlich (zum Beispiel durch politische, familiäre oder wirtschaftliche Anlässe) motiviert sein können (Luhmann 1980: 74f.). Man könnte deshalb vermuten, dass den Oberschichten in dieser Hinsicht eine ähnliche ›Vorreiterrolle‹ zukam wie im Fall der geselligen Interaktion, die vor allem in den Kreisen frühneuzeitlicher Oberschichten zu einer eigenen Sozialform entwickelt wurde.

Netzwerke in der *modernen, funktional differenzierten* Gesellschaft teilen viele Merkmale mit ›vormodernen‹ Netzwerken. Sie reagieren aber einerseits auf die neuen Verknüpfungsmöglichkeiten, die sich aus der Mehrfachinklusion von Adressen in die Konturen verschiedener Funktionsbereiche ergeben, und andererseits auf den sehr viel breiteren Pool potentieller Adressen: Nicht nur kommen in der Moderne prinzipiell alle Menschen als Kommunikationspartner in Frage, mit der formalen Organisation steht auch ein weiterer Typus von Adressen zu Verfügung. Die moderne Gesellschaft zeichnet sich also aus durch die größere Zahl und Diversität potentieller Adressen – kurz: durch höhere soziale Komplexität. Um diese Entwicklungen zusammen mit den vormodernen Netzwerkformen erfassen zu können, ist es nötig, einen allgemeinen Begriff des Netzwerks zu bilden, der einerseits auch auf vormoderne Gesellschaften passt, andererseits ein flexibles Verhältnis zwischen Netzwerken und gesellschaftlichen Differenzierungsformen vorsieht. Eine solche Generalisierung kann durchaus an die Vorlagen Whites anknüpfen, insofern der »Akteur« ebenso wie die »Beziehung« und deren Einbettung in gesellschaftliche Strukturen von der Systemtheorie in ähnlicher Weise problematisiert werden.

Soziale Adressen, Beziehungen und Netzwerke

Sowohl die Systemtheorie als auch Whites Konstruktivismus konzipieren Akteure und ihre Handlungen attributionstheoretisch. Soziale Prozesse vereinfachen sich demnach selbst, wenn sie die Identität eines Akteurs – bzw. in der Systemtheorie: die Einzelhandlung selbst – kommunikativ fixieren und anhand von persönlichen »Adressen« zurechenbar machen. Es gibt keine von sozialen Zuschreibungen unabhängigen Personen, zwischen denen dann Netzwerkbeziehungen geknüpft werden. Vielmehr entsteht die Person als eine *soziale Adresse* erst dadurch, dass ihre Ansprechbarkeit in sozialen Beziehungen konstituiert wird. Obgleich die Adresse also »kommunikativ erzeugt« wird (P. Fuchs 1997), ist Adressierbarkeit keineswegs nur passiv zu verstehen. Zur sozialen Adresse gehört, dass sie nicht nur Ziel, sondern auch Quelle – sowie natürlich Thema – von Kommunikation sein kann.

Das Konzept der sozialen Adresse hat den Vorteil, nicht nur für die meisten Interessen der empirischen Netzwerkforschung, sondern auch für Whites Identitätsbegriff anschlussfähig zu sein. Wenn White seinen Identitätsbegriff an die Möglichkeit von »Überraschungen« knüpft, so reformuliert er das gängige Verständnis sozialer Handlung: nämlich als Ereignis, das nicht mit bio-physikalischen Gesetzmäßigkeiten allein erklärt werden kann. Nur dort, wo ein Ereignis auf soziale Ursachen zugerechnet werden *muss*, haben wir es demnach mit Formen von »Handlungsfähigkeit« *(agency)* zu tun.[22] Was White als Identität bezeichnet, ist so gesehen eine Verallgemeinerung des Konzepts der »Person«, das im ersten Kapitel als Strukturelement persönlicher Beziehungen eingeführt wurde. Dass an Personen gerichtete Erwartungen dort besonders wichtig sind, liegt ja daran, das die *Sicherheitsgewinne* ebenso wie die bleibenden *Ungewissheiten* in solchen Beziehungen anders nicht erklärt und zugerechnet werden können: Wenn man sich auf jemanden ›verlassen kann‹, generalisiert man konkrete und stets begrenzte Erfahrungen in spezifischen Situationen zu einem Erwartungskomplex des persönlichen Vertrauens, der sich nicht aus Rollen oder Programmen – und erst recht nicht aus physikalischen Gesetzen – ableitet. Solche Identitäten lassen sich natürlich nicht nur an Menschen festmachen. Auch hinsichtlich einer Organisation kann man einen generalisierten, gewissermaßen ›persönlichen‹ Erwartungskomplex entwickeln: Die eine baut gute Autos, die andere billige. Analoges gilt für die Beziehungen von Organisationen untereinander: An Ereignissen und Episoden, zum Beispiel im Rahmen von Lieferbeziehungen, kondensieren Erwartungen hinsichtlich der Zuverlässigkeit, Belastbarkeit und Qualität der Beziehung.

Die Konstitution einer sozialen Adresse macht diese prinzipiell kommunikativ *erreichbar*. Dabei geht es nicht nur um die triviale Tatsache, dass eine Adresse benutzt werden kann – zum Beispiel, um einen Telefonanruf zu tätigen oder einen Brief zu schreiben. Mit einer Adresse sind vielmehr auch Erwartungen darüber verknüpft, inwieweit Erreichbarkeit in Z*ugänglichkeit* bzw. *Verfügbarkeit* transformiert werden kann (vgl. Aderhold 2004: 195ff.). Gerade die moderne Gesellschaft zeichnet sich aus durch die Generalisierung der kommunikativen Relevanz von Personen (und Organisationen) und durch die technologischen Möglichkeiten, Chancen der Erreichbarkeit durch Telekommunikation, Adressverzeichnisse etc. zu erhöhen. Eine »selbstreferentielle« Adresse, die nur die reine Möglichkeit der Adressabilität markiert, ist unter diesen Bedingungen nahezu unbrauchbar (was offenbar den Absendern von Hauswurfsendungen und ihres elektronischen Pendants – unverlangten »Spam«-E-Mails – bisher entgangen ist). Adressen gewinnen ihre Relevanz durch ihre *Fremd*referenz, ihre Verweisung auf Verstehenschancen oder weitere Adressen. Adressen sind demnach eine Form sozialen Sinns, die *Erwartungen* über Kontakt*chancen* formulieren. Dadurch werden Kontakte ermöglicht oder erschwert, doch dies nur im Sinne höherer oder niedrigerer Wahrscheinlichkeit – und mit Offenheit für Überraschungen.

Darin, dass Personen und Organisationen als Zurechnungspunkte für Handlungen, also als »Identitäten« fungieren, stimmt die Systemtheorie mit White überein, der so die übliche Perspektive der Netzwerkanalyse, die ihre eigenen strukturalistischen Bekenntnisse nicht immer ernst nimmt, rejustiert. Wie wir bereits gesehen haben, lassen sich darüber hinaus Parallelen bei der Einordnung von *Beziehungen* erkennen. White insistiert, dass *ties* keine versteinerten Austauschkanäle sind, sondern aus den widerstreitenden Kontrollversuchen der Beteiligten ihre eigene Dynamik gewinnen. *Ties* artikulieren doppelte Kontingenz, aber sie bringen sie nicht zum Verschwinden. Indem sie einen Bezugsrahmen jenseits individueller Absichten und Motive konstituieren, entsteht eine soziale Realität *sui generis*: »Die Beziehung wird selbst zur Reduktion von Komplexität. Das aber heißt: sie muß als emergentes System begriffen werden.« (Luhmann 1984: 154) Auch wenn wir *ties* in diesem Sinne als Kleinsysteme verstehen können, ergibt die Verkettung vieler *ties* in Netzwerken nicht unbedingt *ein* System. Dazu fehlt dem Zusammenhang einzelner *ties* in der Regel die Grenzziehung zur Umwelt. Wo es solche Grenzen gibt, sind sie meist aus den System/Umwelt-Differenzen von Organisationen oder anderen Systemen *abgeleitet*, wie zum Beispiel bei den informellen Netzwerken in Organisationen, die sich auf die Kategorie der »Mitglieder« beschränken. Das Netzwerk produziert dann aber nicht die Mitglieder, sondern übernimmt vielmehr die Kategorie der Mitgliedschaftsrolle als Bezugsrahmen, um den Kreis relevanter Adressen einzugrenzen.[23]

Das heißt natürlich nicht, dass damit die Auswahlgesamtheit möglicher Kontakte festgelegt wäre. Im Gegensatz zur forschungspragmatischen Darstellung von Netzwerkknoten als einer abzählbaren *Menge* ist das Und-so-Weiter von Kontakten in der sozialen Wirklichkeit unendlich: Netzwerke artikulieren einen sozialen *Horizont*, der – wie wir am Beispiel der »small world« gesehen haben – im Prinzip die gesamte soziale Welt umfasst. Unabhängig davon, ob es um ›gefilterte‹ Adressen innerhalb von

Organisationssystemen und anderen sozialen Arenen oder um soziale Kontakte im Gesellschaftssystem überhaupt geht, übersteigt der Horizont möglicher Kontakte schnell die faktische Verknüpfungskapazität. Außer vielleicht in sehr überschaubaren Tribalgesellschaften stehen immer mehr Verknüpfungsmöglichkeiten zwischen Kontakten zur Verfügung, als aktualisiert werden können. Das heißt: Ab einer in sozialen Systemen schnell erreichten Komplexitätsschwelle kann nicht mehr alles mit allem verknüpft werden (Luhmann 1975a). Das gilt für die Relationierung einzelner Handlungen oder Kommunikationen, aber auch für die Relationierung von Kontakten. Netzwerke bestehen in deren selektiver Verknüpfung und bestimmen dadurch soziale Komplexität als einen Horizont direkter, indirekter (und noch indirekterer) Kontaktchancen.

Von Netzwerken ist insbesondere dann zu sprechen, wenn die indirekten Kontakte relevant werden. Solange es um direkte Kontakte geht, reicht das im ersten Kapitel vorgestellte Vokabular persönlicher Beziehungen oftmals aus. Das ändert sich jedoch, wenn die *Reflexivität* der Kontakte in einem *Netzwerk* von Verweisungen auf weitere Kontakte im Vordergrund steht. Jede Adresse bündelt in einer Person (oder auch Organisation) ein- und ausgehende Verweisungen in unterschiedliche Rollensegmente und Funktionsbereiche und kann so auch genutzt werden, um zwischen diesen zu vermitteln. Indem Adressen an mehreren gesellschaftlichen Teilsystemen partizipieren können, interferieren in ihnen unterschiedliche Kommunikationszusammenhänge und Funktionsbereiche. Bei White und anderen Netzwerktheoretikern wird dies im Sinne der Simmel'schen »Kreuzung sozialer Kreise« verstanden, in der Systemtheorie als *polykontexturale Adressbildung*: Weil Adressen in mehr als einer Kontextur bedeutsam sind, werden sie als Vermittlungskanäle interessant. Das heißt aber nicht, dass sie unter allen Umständen als solche genutzt werden können. Weder ist davon auszugehen, dass das Wissen über mögliche Verweisungen vorhanden ist, noch ist der Zugriff auf diese Verweisungen problemlos möglich. Beide Aspekte variieren mit gesellschaftlichen Differenzierungsformen und regionalen Netzwerk-»Kulturen«, welche die Zugriffsgelegenheiten und -chancen auf soziale Adressen regeln.

Zusammengefasst zeigen die verschiedenen Formen, in denen sich Netzwerke und Systeme aufeinander beziehen lassen, ein Muster der *Selbstähnlichkeit*, also der Wiederholbarkeit auf verschiedenen Ebenen sozialer Realität: Sie erstrecken sich von der Dyade, die zwei psychische Systeme als »Personen« in eine emergente soziale Beziehung einbindet, über die Knüpfung direkter und indirekter Kontakte innerhalb begrenzter Interaktionszusammenhänge bis zu Netzwerken zwischen Organisationen, Staaten und anderen adressierbaren sozialen Einheiten. Netzwerke sind demnach Formen sozialer Ordnungsbildung über reflexive Kontakte, die sich *innerhalb und zwischen* Systemen herausbilden. Es macht wenig Sinn, Netzwerke selbst als Systeme zu begreifen. Der einzelnen Dyade können sicherlich Eigenschaften einer ›emergenten‹ Systemebene zugesprochen werden. Die Verkettung mehrerer Dyaden ergibt nur einen Zusammenhang einheitlich erwartbarer Interaktionsepisoden, nicht aber selbst ein System mit klaren Grenzen.

4. Perspektiven

Die Unterschiedlichkeit der Ansätze zu einer soziologischen Theorie sozialer Netzwerke macht es zumindest zum jetzigen Zeitpunkt schwer, von *der* Netzwerktheorie zu sprechen. Dazu sind schon die Interessen der vorgestellten Ansätze zu verschieden. Deshalb wäre es auch wenig sinnvoll, die vorhandenen Überschneidungen, zum Beispiel zwischen Whites relationalem Konstruktivismus und der Systemtheorie, zu einer Konvergenz der Positionen zu stilisieren. Es ist jedoch deutlich geworden, dass sich Netzwerke nur dann theoretisch aufwerten lassen, wenn ihr Verhältnis zu anderen sozialen Strukturen geklärt wird. Dann können beispielsweise systemtheoretische Überlegungen durchaus dazu genutzt werden, eher vage Begriffe wie *domain* zu präzisieren. In dieser Richtung lassen sich einige Punkte benennen, in denen eine systemtheoretische Lesart des Netzwerkkonzepts neue Fragestellungen stimulieren könnte. Sie betreffen das Verhältnis von Netzwerk und Interaktion, die Interpretation von Vermittlerpositionen und die Bedeutung ›korrupter‹ Netzwerke.

Erstens: Die Netzwerk-Beziehung muss durch das Nadelöhr der *Face-to-Face-Interaktion*. Eine solche Aussage verkürzt natürlich die in Einzelfällen etwas kompliziertere soziale Wirklichkeit. Für persönliche Beziehungen zum Beispiel ist diese Bedingung sicherlich wörtlicher zu nehmen als für Organisationsbeziehungen. Doch in jedem Fall muss es Gelegenheiten zur Kristallisation von Erwartungsstrukturen geben, damit Netzwerke entstehen können. Es ist zweifelhaft, ob die von Teilen der Netzwerkforschung verwendeten »Affiliationen« – zum Beispiel qua Mitgliedschaft in Aufsichtsräten oder Mitwirkung in Spielfilmen – solche Gelegenheiten darstellen (siehe S. 69). Wiederholte Interaktion unter Anwesenden jedoch führt, sofern sie ›gesellige‹ Elemente enthält, beinahe zwangsläufig zu *Möglichkeiten* der Kontakterschließung. Das gilt für die Disco ebenso wie für die informellen Teile politischer Gipfeltreffen. Die zu Anfang erwähnten Exzesse des bewusst betriebenen *networking* – zum Beispiel in Form politisch gesponserter Vernetzung oder organisierter *speed meetings* – verstärken und übertreiben somit nur eine in der modernen Gesellschaft angelegte Verknüpfungstechnik. Der Normalfall dürfte sein, dass sich Kontaktnetzwerke aus Anlass von »fokussierten«, d.h. in Organisationen oder gesellschaftlichen Teilbereichen verankerten, Interaktionssituationen eher beiläufig entwickeln (Feld 1981). Zwischen solchen, in einem Interaktionszusammenhang stabilisierten Netzwerkbeziehungen und den vielfältigen anderen Möglichkeiten, eine Verbindung zwischen Adressen zu konstruieren, kann und muss unterschieden werden.

Zweitens sollte deutlich geworden sein, dass die Figur der *Vermittlung* auch systemtheoretisch – als reflexive Adressbildung – eine prominente Rolle spielt. Im Anschluss an die Überlegungen zu *brokerage*-Positionen könnten systemtheoretische Unterscheidungen die Aufmerksamkeit für mögliche »strukturelle Löcher« dirigieren (vgl. S. 47f.). Diese wären dort zu vermuten, wo System/Umwelt-Unterscheidungen eine Rolle spielen, beispielsweise an den *Grenzstellen* von Organisationen oder einzelnen Abteilungen (Luhmann 1964: 220ff.; so auch Burt 2004), zwischen gesellschaftlichen Teilsystemen oder an den Binnengrenzen wissenschaftlicher Disziplinen. Während Burts strukturelle Löcher etwas einseitig auf die Vorteile von Vermittlerpositionen abstellen, sprechen systemtheoretische Argumente für eine differenziertere Bewertung. Aus ähnlichen Gründen wie Krackhardt in der Organisationsstudie, die wir im zweiten Kapitel kennen gelernt haben, nimmt die Systemtheorie an, dass Grenzstellen keineswegs unproblematisch sind. Krackhardt veranschaulicht, wie die Mitgliedschaft in mehreren durch *strong ties* konstituierten Freundschaftskreisen eine Person in eine Art *double bind* verstricken kann. Ähnlich kann sich die Situation an den Grenzstellen zur Umwelt der Organisation darstellen: Falls es Rollenverflechtungen mit der Umwelt gibt, zum Beispiel weil der Chef der Marketingabteilung den Auftrag für die graphische Gestaltung einer Werbekampagne an die Firma seiner Schwester vergeben hat, ergeben sich vergleichbare Konstellationen, in denen der Vermittler ziemlich unbequem zwischen allen Stühlen sitzt.

Drittens ist noch das von der Netzwerkanalyse – aus leicht nachvollziehbaren Gründen – wenig bearbeitete Feld der *Korruption* zu nennen. Auch wenn es differenzierungstheoretisch nahe liegt, Netzwerke als eine sekundäre Struktur zu begreifen, muss das nicht heißen, dass ihre Effekte nicht mit funktionaler Differenzierung in Konflikt geraten können. Die im ersten Kapitel erwähnten Beispiele korrupter Netzwerke beziehen sich zwar auf Zeiträume und Regionen, in denen die Volldurchsetzung funktionaler Differenzierung wohl nicht gegeben war bzw. ist. Angesichts der Stabilität derartiger Konstellationen in vielen Regionen der Welt wäre aber zu fragen, ob Netzwerke mit ihrer zur gesellschaftlichen Differenzierung quer liegenden Logik nicht doch zum Hindernis oder zum Problem funktionaler Differenzierung werden können. Einen Zusammenhang zwischen Netzwerken und Korruption vermutet nicht nur der *common sense*. Auch aus differenzierungstheoretischer Perspektive stellt die soziale Verknüpfung sachlich spezifizierter Sinnprovinzen in Netzwerken einen Mechanismus dar, der mit funktionaler Differenzierung konkurrieren kann (Hiller 2005). Unter welchen Umständen es dazu kommt, dass Korruption sich in Netzwerken und gegen institutionelle Barrieren stabilisieren kann, ist eine Frage, die Systemtheoretiker ebenso wie Netzwerkforscher interessieren sollte.

Von Netzwerken kann in sehr verschiedenen Kontexten und im Hinblick auf die unterschiedlichsten Elemente und Relationen die Rede sein. Für den Netzwerkbegriff gilt daher ähnlich wie für den Systembegriff: Übernimmt man ihn »ohne weitere Klärung in soziologische Analysen, entsteht eine scheinbare Präzision, die der Grundlage entbehrt« (Luhmann 1984: 15). Die Genauigkeit der angefertigten Beschreibungen liegt dann allenfalls in den Berechnungsverfahren. Zwischen den Methoden und theoretischen Grundlagen der Netzwerkforschung klafft jedoch nach wie vor eine Lücke, die lediglich durch die intuitive Plausibilität vieler netzwerkanalytischer Konzepte kaschiert wird. Um sie nachhaltig zu überbrücken, muss der Netzwerkbegriff besser mit anderen soziologischen Begriffen koordiniert und dadurch in seinem Anwendungsbereich klarer definiert werden.

Grundsätzlich lassen sich zwei Strategien unterscheiden, um das netzwerkanalytische Forschungsprogramm zu einer Theorie sozialer Netzwerke weiterzuentwickeln: Man kann, erstens, ausgehend vom Netzwerkbegriff ein ganzes Arsenal weiterer Konzepte entwickeln, aus denen sich eine eigenständige »Netzwerktheorie« konstruieren ließe. In dieser Richtung gibt es einige Vorlagen: Begriffe wie Zentralität oder strukturelle Äquivalenz sind zum Beispiel Ansatzpunkte, um eine strukturalistische Alternative zu etablierten Theoriefiguren zu entwickeln. Sie zeigen, wie die Positionierung in einem Netzwerk Sachverhalte anders erklären kann, die man ansonsten auf individuelle Attribute (wie zum Beispiel Durchsetzungsfähigkeit oder Charisma) oder auf institutionalisierte Zuschreibungen (wie zum Beispiel soziale Kategorien) zurückführen könnte. Die »strukturelle Intuition«, die dieses Vorhaben leitet, lehnt gängige Zurechnungen auf Individuen oder andere nicht weiter aufgelöste Einheiten ab und löst sie in relationale Beschreibungen auf. Damit ist sie eine Form soziologischer Aufklärung, die das individualistische Alltagsverständnis irritieren kann. Es ist allerdings fraglich, ob dieses – von vielen soziologischen Theorien geteilte – Vorhaben allein auf Grundlage des Netzwerkbegriffs durchführbar ist. Die ersten Ansätze einer

Netzwerktheorie, zum Beispiel bei Harrison White, scheinen eher darauf hinzuweisen, dass man dazu auch auf andere, teilweise nicht im engeren Sinne relationale Theorieelemente zurückgreifen muss, zum Beispiel auf die einleuchtende Idee, dass Beziehungen in den so genannten *catnets* sich sehr wohl an sozialen Kategorien orientieren können.

Damit ist bereits der Übergang zur zweiten Möglichkeit, Netzwerke theoretisch zu präzisieren, markiert: Man kann auch versuchen, Netzwerken aus der Perspektive existierender Theorien einen ›soziologischen Sinn‹ zu geben. Als Beispiel hierfür haben wir die Systemtheorie betrachtet, in der in den letzten Jahren das Interesse an Netzwerkphänomenen deutlich gestiegen ist. Aus systemtheoretischer Sicht kann man die Gesellschaft nicht (nur) als ein Netzwerk konzipieren. Netzwerke gewinnen ihre Bedeutung im Kontext anderer sozialer Strukturen, zum Beispiel gesellschaftlicher Teilsysteme. In einer differenzierten Gesellschaft können Netzwerke zwar auf bestimmte gesellschaftliche Teilbereiche bzw. »Kontexturen« spezialisiert sein (White würde von *netdoms* sprechen). Mindestens ebenso wichtig ist aber die Möglichkeit, dass Netzwerke als *Verknüpfung* verschiedener Teilbereiche durch polykontexturale Adressen fungieren. Wie wir im ersten Kapitel gesehen haben, sind sie gerade in dieser Hinsicht in der modernen Gesellschaft bedeutsam – und mitunter problematisch. Wenn aus der sporadischen Verknüpfung eine stabile Verflechtung unterschiedlicher Sinnprovinzen und Funktionsbereiche entsteht, können ›korrupte‹ Netzwerke mit funktionaler Differenzierung kollidieren – und diese blockieren oder unterlaufen. Jeder Versuch, Netzwerke soziologisch zu beschreiben, wird sich letztlich daran messen lassen müssen, inwiefern er diese Ambivalenz von Netzwerken erfassen kann: dass sie einerseits selbstverständliche und häufig nützliche Sozialstrukturen sind, andererseits aber mit zentralen Einrichtungen der modernen Gesellschaft, die keine besondere Berücksichtigung von Personen vorsehen, konkurrieren können.

Diese beiden Strategien – die Weiterentwicklung relationaler Theorieelemente und ihre Integration in die Gesellschaftstheorie – müssen sich nicht harmonisch ergänzen. Sie könnten eher geeignet sein, sich gegenseitig zu korrigieren: Bisher steht der manchmal einseitigen Überschätzung von Netzwerken im strukturalistischen Forschungsprogramm eine eher stiefmütterliche Behandlung durch die soziologische Theorie gegenüber. Letztere kann nur davon profitieren, wenn sie gelegentlich daran erinnert wird, dass *soziales* Handeln meint: Handeln mit Bezug auf das Handeln anderer. Konsequent wie kaum ein anderes Forschungsprogramm vermeidet die Netzwerkanalyse, diese Einsicht in die Form einer simplen Gegenüberstellung von Individuum und Gesellschaft bringen zu wollen. Ihren blinden Fleck hat sie allerdings dort, wo gerade die moderne Gesellschaft den Verzicht auf Beziehungen ermöglicht oder sogar erzwingt, sei es durch den Vorrang von Rollenorientierungen in funktional spezialisierten Interaktionssituationen oder schlicht durch die Anonymität von Massenkommunikation. Nur wenn auch diese gegenläufigen Entwicklungen beachtet werden, kann die zu Beginn angesprochene Konjunktur von Netzwerken richtig eingeordnet werden. In der Wissenschaft ebenso wie im Alltagsleben geraten Netzwerke erst vor dem Hintergrund anderer Möglichkeiten in den Blick. Das Grundmerkmal von Netzwerken besteht schließlich darin, dass *nicht* jeder mit jedem in Kontakt stehen kann und dass deshalb nur ein Teil der möglichen Beziehungen realisiert wird. Diese unumgängliche Selektivität einerseits sowie andererseits die Möglichkeit, auf Bekanntschaft und persönliches Vertrauen fallweise zu verzichten, stecken den Rahmen ab, innerhalb dessen Netzwerke als eine besondere Form sozialer Strukturen überhaupt bemerkt und dann auch bewusst betrieben werden können.

1 Zum »Speed Networking« siehe http://www.speednetwor king.org/und http://www.extremenetworking.biz/. Vergleichbare Veranstaltungen für die Anbahnung von Intimbeziehungen gibt es schon länger unter dem Titel »Speed Dating«; siehe zum Beispiel http://www.8minutedating.com/

2 Wenn man im Anschluss an Gouldner (1960) Reziprozität zum elementaren Bestandteil sozialen Zusammenlebens erklärt, unterschätzt man leicht diesen wichtigen Unterschied zwischen Tausch und Komplementarität des Erwartens. Dies ist zum Beispiel der Fall in dem ansonsten instruktiven Überblick von Stegbauer (2002), insofern dort Rollen *komplementarität* als eine besondere Form von *Reziprozität* aufgefasst wird.

3 In der modernen Gesellschaft gilt die »hochselbstverständliche Prämisse«, dass »jeder Mensch, der im Wahrnehmungsraum auftaucht, ein möglicher Interaktionspartner ist« (Kieserling 1999: 90, Fn. 8).

4 Fritz Heider (1979) formulierte diesen Sachverhalt in der Balancetheorie zunächst psychologisch: Hat A eine positive Einstellung zu B *und* C, so muss dies auch zwischen den beiden gelten, um das System ›auszugleichen‹ (getreu dem Motto: »Der Freund meines Freundes ist mein Freund«). Auf Netzwerktriaden übertragen wurde dieses Modell von Cartwright/Harary (1956) und Davis (1979) bzw. Holland/Leinhardt (1979).

5 Vgl. zur Unterscheidung zwischen »brokerage« und »closure« Burt (2005).

6 Im *statistischen*, im Gegensatz zum hier gemeinten *normativen* Sinn ist Korruption natürlich auch in westlichen Ländern »nicht immer abweichendes Verhalten« (Fleck/Kuzmics 1985).

7 Vgl. den Bericht »Polizei rettet Beckenbauer vor Strafe – wen noch?« (Süddeutsche Zeitung Nr. 43 vom 21.2.2006, S. 45).

8 Zur Semantik und Praxis der *guanxi* siehe neben Hwang (1987) auch Yang (1994), Yan (1996) und Kipnis (1997).

9 Vgl. im Hinblick auf Westafrika: »Any man rising to a place

of importance in politics will be surrounded by relatives and friends looking confidently to him for patronage; the tradition of centuries leaves them in no doubt that he will provide for them, and that if jobs do not exist they will be created.« (Wraith/ Simpkins 1963: 34)

10 Die hier nur kursorisch dargestellte Geschichte der Netzwerkanalyse wird ausführlich diskutiert von Scott (1991: Kap. 2), Jansen (2003: Kap. 2) sowie – in reflexiver Manier, also mit netzwerkanalytischen Mitteln – von Freeman (2004).

11 Ausführliche Darstellungen der im Folgenden nur kurz skizzierten Grundlagen der Netzwerkanalyse und Graphentheorie finden sich in den Einführungen von Degenne/Forsé (1999), Jansen (2003), Scott (1991) und Wasserman/Faust (1994).

12 Es gibt eine Stichprobentheorie, die statistische Schlüsse aus Zufallsauswahlen erlaubt (vgl. Frank 1988). Allerdings lässt sich wenig daran ändern, dass die Informationsverluste im Hinblick auf relationale Daten bei derartigen Verfahren relativ hoch sind.

13 Sind einzelne Knoten nicht erreichbar, so haben sie eine unendliche Pfaddistanz zu allen anderen Knoten. *Closeness* kann deshalb nur in verbundenen Graphen berechnet werden – oder in entsprechend reduzierten Teilgraphen eines unverbundenen Graphen.

14 Diese und einige weitere Reduktionsverfahren sind mittlerweile in dem Softwareprogramm UCINET (Borgatti et al. 2002) implementiert, so dass man problemlos sowohl mit den Originaldaten als auch den reduzierten Formen LAS und CS arbeiten kann.

15 Zu »Pajek« siehe die kurze Beschreibung von Batagelj/ Mrvar (1998) und die ausführliche Einführung von de Nooy et al. (2005).

16 Um die für eine Cliquenanalyse nötigen symmetrischen Beziehungen zu erhalten, wurden nur bidirektionale Beziehungen berücksichtigt, also keine asymmetrischen Beziehungen, in denen B zwar E als Freund angibt, E aber nicht B.

17 Diese Distanz zu strukturfunktionalistischen Einheitsvorstellungen führt umgekehrt dazu, dass Netzwerke heutzuta-

ge oft mit »Entgrenzung« assoziiert werden (vgl. Beck et al. 2004).

18 Im Folgenden fasse ich einige Argumente zusammen, die ich an anderer Stelle ausführlicher behandelt habe (Holzer 2005).

19 »Entfernung« wird in diesem Zusammenhang relational verstanden, das heißt: Die »Distanz« zwischen zwei Punkten bezieht sich nicht auf eine externe Metrik (zum Beispiel räumliche Entfernung), sondern nur auf die Länge der Netzwerkpfade. »Entfernt« ist ein Punkt A von einem anderen Punkt B insofern, als Zwischenschritte über die Punkte C, D, ..., N nötig sind.

20 Für einen differenzierteren Versuch, den Strukturbegriff netzwerkanalytisch einzuholen, siehe López/Scott (2000).

21 White (1992) selbst gibt allenfalls für das *interface* eine nachvollziehbare Erläuterung. Umso wichtiger waren für folgende Ausführungen die ergänzenden Interpretationen von Azarian (2003: Kap. 4) sowie die in dieser Hinsicht auskunftsfreudigere Entwurfsfassung zur zweiten Auflage von »Identity and Control« (White 2005: Kap. 3).

22 In diesem Sinne, jedoch auch sozialstrukturelle Erklärungen ausschließend, formuliert Stephan Fuchs (2001a: 34): »›Agency‹ is a residual, consisting of that portion of variance unaccounted for by social structure. Agency is not the cause, but the effect, of failures at prediction.«

23 Man müsste in solchen Fällen in Whites Terminologie wohl von *catnets* sprechen (vgl. den letzten Abschnitt in Kap. III/2).

Aderhold, Jens (2004): *Form und Funktion sozialer Netzwerke in Wirtschaft und Gesellschaft. Beziehungsgeflechte als Vermittler zwischen Erreichbarkeit und Zugänglichkeit*, Wiesbaden: VS Verlag für Sozialwissenschaften.

Alba, Richard D. (1973): »A Graph-Theoretic Definition of a Sociometric Clique«. In: *Journal of Mathematical Sociology* 3, S. 113-126.

Amaral, L.A.N./Scala, A./Barthélémy, M./Stanley, H.E. (2000): »Classes of Small-World Networks«. In: *Proceedings of the National Academy of Sciences of the United States of America* 97/21, S. 11149-11152.

Azarian, Reza (2003): *The General Sociology of Harrison White*, Stockholm: Department of Sociology, Stockholm University.

Baecker, Dirk (2000): »Korruption, empirisch«. In: *die tageszeitung*, 24.1.2000, S. 14.

Barabási, Albert-László (2002): *Linked. The New Science of Networks*, Cambridge/MA: Perseus.

Barabási, Albert-László/Albert, Réka (1999): »Emergence of Scaling in Random Networks«. In: *Science* 286, S. 509-512.

Barabási, Albert-László/Bonabeau, Eric (2003): »Scale-Free Networks«. In: *Scientific American* 288, S. 50-59.

Barnes, John A. (1954): »Class and Committees in a Norwegian Island Parish«. In: *Human Relations* 7, S. 39-58.

Barnes, John A. (1969): »Graph Theory and Social Networks«. In: *Sociology* 3, S. 215-232.

Batagelj, Vladimir/Mrvar, Andrej (1998): »Pajek – Program for Large Network Analysis«. In: *Connections* 21/2, S. 47-57.

Bateson, Gregory (1981): *Ökologie des Geistes*, Frankfurt/Main: Suhrkamp.

Beck, Ulrich/Bonß, Wolfgang/Lau, Christoph (2004): »Entgrenzung erzwingt Entscheidung: Was ist neu an der Theorie reflexiver Modernisierung?«. In: Ulrich Beck/Christoph Lau (Hg.), *Entgrenzung und Entscheidung*, Frankfurt/Main: Suhrkamp, S. 13-62.

Bernard, H. Russell/Killworth, Peter D./Sailer, Lee D. (1982): »Informant Accuracy in Social Network Data, V: an Experimental

Attempt to Predict the Actual Communication from Recall Data«. In: *Social Science Research* 11, S. 30-66.

Bernard, H. Russell/Killworth, Peter D./Sailer, Lee D./Kronenfeld, David (1984): »On the Validity of Retrospective Data: the Problem of Informant Accuracy«. In: *Annual Review of Anthropology* 13, S. 495-517.

Bochner, Stephen/Buker, Eloise A./McLeod, Beverly M. (1976): »Communication Patterns in an International Student Dormitory: a Modification of the ›Small World‹ Method«. In: *Journal of Applied Social Psychology* 6, S. 275-290.

Boissevain, Jeremy (1974): *Friends of Friends. Networks, Manipulators and Coalitions*, Oxford: Basil Blackwell.

Boorman, Scott A./White, Harrison C. (1976): »Social Structure from Multiple Networks: II. Role Structures«. In: *American Journal of Sociology* 81/6, S. 1384-1446.

Borgatti, Stephen P./Everett, Martin G./Freeman, Linton C. (2002): *Ucinet for Windows: Software for Social Network Analysis*, Harvard: Analytic Technologies.

Bott, Elizabeth (1957): *Family and Social Network*, London: Tavistock.

Bourdieu, Pierre (1983): »Ökonomisches Kapital, kulturelles Kapital, soziales Kapital«. In: Reinhard Kreckel (Hg.), *Soziale Ungleichheiten (Sonderband 2 der Sozialen Welt)*, Göttingen: Schwartz, S. 183-198.

Bourdieu, Pierre (1987): *Sozialer Sinn. Kritik der theoretischen borgVernunft*, Frankfurt/Main: Suhrkamp.

Braun, Norman (2004): »Tausch in Netzwerken«. In: Andreas Diekmann/Thomas Voss (Hg.), *Rational-Choice-Theorie in den Sozialwissenschaften: Anwendungen und Probleme*, München: Oldenbourg, S. 129-141.

Burt, Ronald S. (1983a): »Cohesion Versus Structural Equivalence as a Basis for Network Subgroups«. In: Ronald S. Burt/Michael J. Minor (Hg.), *Applied Network Analysis*, London: Sage, S. 262-282.

Burt, Ronald S. (1983b): »Network Data from Informant Interviews«. In: Ronald S. Burt/Michael J. Minor (Hg.), *Applied Network Analysis*, London: Sage, S. 133-157.

Burt, Ronald S. (1983c): »Network Data from Archival Records«. In: Ronald S. Burt/Michael J. Minor (Hg.), *Applied Network Analysis*, London: Sage, S. 158-175.

Burt, Ronald S. (1992): *Structural Holes. The Social Structure of Competition*, Cambridge/MA: Harvard University Press.

Burt, Ronald S. (2004): »Structural Holes and Good Ideas«. In: *American Journal of Sociology* 110/2, S. 349-399.

Burt, Ronald S. (2005): *Brokerage and Closure. An Introduction to Social Capital*, Oxford: Oxford University Press.

Cartwright, Dorwin/Harary, Frank (1956): »Structural Balance: a Generalization of Heider's Theory«. In: *Psychological Review* 63, S. 277-293.

Castells, Manuel (2000): *The Rise of the Network Society (The Information Age, Vol. I)*, Oxford: Blackwell (2. Aufl.).

Coleman, James S. (1988): »Social Capital in the Creation of Human Capital«. In: *American Journal of Sociology* 94 (Supplement: Organizations and Institutions), S. S95-S120.

Coleman, James S./Katz, Elihu/Menzel, Herbert (1957): »The Diffusion of an Innovation among Physicians«. In: *Sociometry* 20, S. 253-270.

Colson, Elizabeth (1978): »A Redundancy of Actors«. In: Fredrik Barth (Hg.), *Scale and Social Organization*, Oslo: Universitetsforlaget, S. 150-162.

Cook, K.S./Whitmeyer, J.M. (1992): »Two Approaches to Social Structure: Exchange Theory and Network Analysis«. In: *Annual Review of Sociology* 18, S. 109-127.

Davis, James A. (1979): »The Davis/Holland/Leinhardt studies: an overview«. In: Paul W. Holland/Samuel Leinhardt (Hg.), *Perspectives on Social Network Research*, New York: Academic Press, S. 51-62.

de Nooy, Wouter/Mrvar, Andrej/Batagelj, Vladimir (2005): *Exploratory Social Network Analysis with Pajek*, Cambridge: Cambridge University Press.

de Sola Pool, Ithiel/Kochen, Manfred (1978): »Contacts and Influence«. In: *Social Networks* 1, S. 5-51.

Degenne, Alain/Forsé, Michel (1999): *Introducing Social Networks*, London: Sage.

Dreeben, Robert (1980): *Was wir in der Schule lernen*, Frankfurt/ Main: Suhrkamp.

Elias, Norbert (2003): *Die Gesellschaft der Individuen*, Frankfurt/ Main: Suhrkamp.

Emirbayer, Mustafa (1997): »Manifesto for a Relational Sociology«. In: *American Journal of Sociology* 103/2, S. 281-317.

Emirbayer, Mustafa/Goodwin, Jeff (1994): »Network Analysis, Culture, and the Problem of Agency«. In: *American Journal of Sociology* 99/6, S. 1411-1454.

Erdös, Paul/Rényi, Alfréd (1959): »On Random Graphs. I.«. In: *Publicationes Mathematicae (Debrecen)* 6, S. 290-297.

Feld, Scott L. (1981): »The Focused Organization of Social Ties«. In: *American Journal of Sociology* 86/5, S. 1015-1035.

Fine, Gary Alan/Kleinman, Sherryl (1983): »Network and Meaning: an Interactionist Approch to Structure«. In: *Symbolic Interaction* 6, S. 97-110.

Fleck, Christian/Kuzmics, Helmut (Hg.) (1985): *Korruption. Zur Soziologie nicht immer abweichenden Verhaltens*, Königstein/Ts.: Athenäum.

Fortes, Meyer (1949): *The Web of Kinship among the Tallensi*, London: Oxford University Press.

Frank, Ove (1988): »Random Sampling and Social Networks: a Survey of Various Approaches«. In: *Mathematiques, Informatique, et Sciences Humaines* 26, S. 19-33.

Freeman, Linton C. (1979): »Centrality in Social Networks: I. Conceptual Clarification«. In: *Social Networks* 1, S. 215-239.

Freeman, Linton C. (2004): *The Development of Social Network Analysis: A Study in the Sociology of Science*, Vancouver: Empirical Press.

Freeman, Linton C./Romney, A. Kimball/Freeman, Sue C. (1987): »Cognitive Structure and Informant Accuracy«. In: *American Anthropologist* 89, S. 310-325.

Freeman, Linton C./Thompson, Claire R. (1989): »Estimating Acquaintanceship Volume«. In: Manfred Kochen (Hg.), *The Small World*, Norwood/NJ: Ablex, S. 147-158.

Fuchs, Peter (1997): »Adressabilität als Grundbegriff der soziologischen Systemtheorie«. In: *Soziale Systeme* 3/1, S. 57-80.

Fuchs, Stephan (2001a): »Beyond Agency«. In: *Sociological Theory* 19/1, S. 24-40.

Fuchs, Stephan (2001b): *Against Essentialism. A Theory of Culture and Society*, Cambridge/MA: Harvard University Press.

Gambetta, Diego (1993): *The Sicilian Mafia. The Business of Private Protection*, Cambridge/MA: Harvard University Press.

Garfinkel, Harold (1967): »Studies in the Routine Grounds of Everyday Activities«. In: *Studies in Ethnomethodology*, Eaglewood Cliffs/NJ: Prentice Hall, S. 35-75.

Gibson, David R. (2005): »Taking Turns and Talking Ties: Networks and Conversational Interaction«. In: *American Journal of Sociology* 110/6, S. 1561-1597.

Giddens, Anthony (1984): *The Constitution of Society. Outline of the Theory of Structuration*, Cambridge: Polity Press.

Gluckman, Max (1955): *The Judicial Process among the Barotse of Northern Rodesia*, Glencoe/IL: Free Press.

Goffman, Erving (1974): *Frame Analysis. An Essay on the Organization of Experience*, New York: Harper and Row.

Gould, Roger V. (1993): »Collective Action and Network Structure«. In: *American Sociological Review* 58/2, S. 182-196.

Gould, Roger V./Fernandez, Roberto M. (1989): »Structures of Mediation: a formal Approach to Brokerage in Transaction Networks«. In: *Sociological Methodology* 19, S. 89-126.

Gouldner, Alvin W. (1960): »The Norm of Reciprocity. A preliminary Statement«. In: *American Sociological Review* 25, S. 161-178.

Granovetter, Mark (1973): »The Strength of Weak Ties«. In: *American Journal of Sociology* 78/6, S. 1360-1380.

Granovetter, Mark (1974): *Getting a Job. A Study of Contacts and Careers*, Chicago: The University of Chicago Press.

Granovetter, Mark (1979): »The Theory-Gap in Social Network Analysis«. In: Paul W. Holland/Samuel Leinhardt (Hg.), *Perspectives on Social Network Research*, New York: Academic Press, S. 501-518.

Granovetter, Mark (1985): »Economic Action and Social Structure. The Problem of Embeddedness«. In: *American Journal of Sociology* 91/3, S. 481-510.

Habermas, Jürgen (1981): *Theorie des kommunikativen Handelns (2 Bände)*, Frankfurt/Main: Suhrkamp.

Heider, Fritz (1946): »Attitudes and Cognitive Organization«. In: *Journal of Psychology* 21, S. 107-112.

Heider, Fritz (1979): »On Balance and Attribution«. In: Paul W. Holland/Samuel Leinhardt (Hg.), *Perspectives on Social Network Research*, New York: Academic Press, S. 11-24.

Hiller, Petra (2005): »Korruption und Netzwerke. Konfusionen im Schema von Organisation und Gesellschaft«. In: *Zeitschrift für Rechtssoziologie* 26/1, S. 57-77.

Hobbes, Thomas (1651): *Leviathan or the Matter, Forme, & Power of a Common-wealth Ecclesiasticall and Civill*, London: Andrew Crooke (Reprint online via Archive for the History of Economic Thought: http://socserv2.socsci.mcmaster.ca/~econ/ug cm/3ll3/hobbes/index.html).

Höffling, Christian (2002): *Korruption als soziale Beziehung*, Opladen: Leske + Budrich.

Holland, Paul W./Leinhardt, Samuel (1979): »Structural sociometry«. In: Paul W. Holland/Samuel Leinhardt (Hg.), *Perspectives on Social Network Research*, New York: Academic Press, S. 63-83.

Hollstein, Betina (2001): *Grenzen sozialer Integration. Zur Konzeption informeller Beziehungen und Netzwerke*, Opladen: Leske + Budrich.

Holzer, Boris (2005): »Vom globalen Dorf zur kleinen Welt: Netzwerke und Konnektivität in der Weltgesellschaft«. In: Bettina Heintz/Richard Münch/Hartmann Tyrell (Hg.), *Weltgesellschaft: Theoretische Zugänge und empirische Problemlagen (Sonderheft der Zeitschrift für Soziologie)*, Stuttgart: Lucius & Lucius, S. 314-329.

Holzer, Boris (2006): »Spielräume der Weltgesellschaft: Formale Strukturen und Zonen der Informalität«. In: Thomas Schwinn (Hg.), *Die Vielfalt und Einheit der Moderne. Kultur- und strukturvergleichende Analyse*, Wiesbaden: VS Verlag für Sozialwissenschaften, im Erscheinen.

Hwang, Kwang-kuo (1987): »Face and Favor: the Chinese Power Game«. In: *American Journal of Sociology* 92/4, S. 944-974.

Jansen, Dorothea (2002): »Netzwerkansätze in der Organisations-
forschung«. In: Jutta Allmendinger/Thomas Hinz (Hg.), *Or-
ganisationssoziologie (Sonderheft 42 der Kölner Zeitschrift für Soziologie und Sozialpsychologie)*, Opladen: Westdeutscher Verlag,
S. 88-118.

Jansen, Dorothea (2003): *Einführung in die Netzwerkanalyse*, Opladen: Leske + Budrich (2. erw. Aufl.).

Kadushin, Charles (2005): »Review of Linton C. Freeman, The
Development of Social Network Analysis: a Study in the Sociology of Science«. In: *Journal of Social Structure* 6. Online:
http://www.cmu.edu/joss/content/articles/volume6/Kadu-
shin/.

Kämper, Eckard/Schmidt, Johannes F.K. (2000): »Netzwerke als
strukturelle Kopplung. Systemtheoretische Überlegungen zum
Netzwerkbegriff«. In: Johannes Weyer (Hg.), *Soziale Netzwerke.
Konzepte und Methoden der sozialwissenschaftlichen Netzwerkforschung*, München,Wien: Oldenbourg, S. 211-235.

Kapferer, Bruce (1969): »Norms and the Manipulation of Relationships in a Work Context«. In: J. Clyde Mitchell (Hg.), *Social Networks in Urban Situations*, Manchester: Manchester
University Press, S. 181-244.

Kappelhoff, Peter (1987): »Blockmodellanalyse: Positionen, Rollen
und Rollenstrukturen«. In: Franz Urban Pappi (Hg.), *Techni-
ken der empirischen Sozialforschung, Bd. 1: Methoden der Netzwerkanalyse*, München: Oldenbourg, S. 101-128.

Kieserling, André (1999): *Kommunikation unter Anwesenden. Studien über Interaktionssysteme*, Frankfurt/Main: Suhrkamp.

Killworth, Peter D./Bernard, H. Russell/McCarty, Christopher
(1984): »Measuring Patterns of Acquaintanceship«. In: *Cur-
rent Anthropology* 25/4, S. 381-397.

Kipnis, Andrew B. (1997): *Producing Guanxi. Sentiment, Self, and
Subculture in a North China Village*, Durham: Duke University
Press.

Kleinfeld, Judith S. (2002): »The Small World Problem«. In: *Society* 39/2, S. 61-66.

Knoke, David (1990): *Political Networks. The Structural Perspective*,
Cambridge: Cambridge University Press.

Knoke, David/Kuklinski, James H. (1982): *Network Analysis*, Beverly Hills: Sage.

Kochen, Manfred (Hg.) (1989): *The Small World*, Norwood/NJ: Ablex.

Kogut, Bruce/Walker, Gordon (2001): »The Small World of Germany and the Durability of National Networks«. In: *American Sociological Review* 66, S. 317-335.

Krackhardt, David (1987): »Cognitive Social Structures«. In: *Social Networks* 9, S. 109-134.

Krackhardt, David (1990): »Assessing the Political Landscape: Structure, Cognition, and Power in Organizations«. In: *Administrative Science Quarterly* 35/2, S. 342-369.

Krackhardt, David (1992): »The Strength of Strong Ties. The Importance of Philos in Organizations«. In: Nitin Nohria/Robert G. Eccles (Hg.), *Networks and Organizations: Structure, Form, and Action*, Boston/MA: Harvard Business School Press, S. 216-239.

Krackhardt, David (1999): »The Ties That Torture: Simmelian Tie Analysis in Organizations«. In: *Research in the Sociology of Organizations* 16, S. 183-210.

Krackhardt, David/Hanson, Jeffrey R. (1993): »Informal Networks. The Company behind the Chart«. In: *Harvard Business Review* Juli-August, S. 104-111.

Krücken, Georg/Meier, Frank (2003): »›Wir sind alle überzeugte Netzwerktäter‹. Netzwerke als Formalstruktur und Mythos der Innovationsgesellschaft«. In: *Soziale Welt* 54, S. 71-92.

Kühl, Stefan (2002): »Jenseits der Face-to-Face-Organisation: Wachstumsprozesse in kapitalmarktorientierten Unternehmen«. In: *Zeitschrift für Soziologie* 31/3, S. 186-210.

Kuhn, Thomas S. (1976): *Die Struktur wissenschaftlicher Revolutionen*, Frankfurt/Main: Suhrkamp (2. Aufl.).

Latour, Bruno (1997): *Nous n'avons jamais été modernes: Essai d'anthropologie symétrique*, Paris: La Découverte (2. Aufl.).

Laumann, Edward O./Marsden, Peter V./Prensky, David (1983): »The Boundary Specification Problem in Network Analysis«. In: Ronald S. Burt/Michael J. Minor (Hg.), *Applied Network Analysis*, London: Sage, S. 18-34.

Ledeneva, Alena (1997): »Practices of Exchange and Networking in Russia«. In: *Soziale Welt* 48, S. 151-170.

Ledeneva, Alena (1998): *Russia's Economy of Favours: Blat, Networking and Informal Exchange*, Cambridge: Cambridge University Press.

Leifer, Eric M./White, Harrison C. (1987): »A Structural Approach to Markets«. In: Mark S. Mizruchi/Michael Schwartz (Hg.), *Intercorporate Relations. The Structural Analysis of Business*, Cambridge: Cambridge University Press, S. 85-108.

Lévi-Strauss, Claude (1978): *Strukturale Anthropologie I*, Frankfurt/Main: Suhrkamp.

Lewin, Kurt (1951): *Field Theory in Social Science*, New York: Harper and Brothers.

Lin, Nan (2001): *Social Capital: A Theory of Social Structure and Action*, Cambridge: Cambridge University Press.

Lloyd, Alun L./May, Robert M. (2001): »How Viruses Spread among Computers and People«. In: *Science* 292, S. 1316.

López, José/Scott, John (2000): *Social Structure*, Buckingham: Open University Press.

Luhmann, Niklas (1964): *Funktionen und Folgen formaler Organisation*, Berlin: Duncker und Humblot.

Luhmann, Niklas (1972): »Funktion und Kausalität«. In: *Soziologische Aufklärung* 1, Opladen: Westdeutscher Verlag, S. 9-30.

Luhmann, Niklas (1975a): »Komplexität«. In: *Soziologische Aufklärung 2*, Opladen: Westdeutscher Verlag, S. 204-220.

Luhmann, Niklas (1975b): »Interaktion, Organisation, Gesellschaft«. In: *Soziologische Aufklärung 2*, Opladen: Westdeutscher Verlag, S. 9-20.

Luhmann, Niklas (1975c): *Theorie der Gesellschaft*, Bielefeld: unveröffentl. Manuskript.

Luhmann, Niklas (1980): »Interaktion in Oberschichten. Zur Transformation ihrer Semantik im 17. und 18. Jahrhundert«. In: *Gesellschaftsstruktur und Semantik 1*, Frankfurt/Main: Suhrkamp, S. 72-161.

Luhmann, Niklas (1982): *Liebe als Passion. Zur Codierung von Intimität*, Frankfurt/Main: Suhrkamp.

Luhmann, Niklas (1983): *Legitimation durch Verfahren*, Frankfurt/Main: Suhrkamp.

Luhmann, Niklas (1984): *Soziale Systeme. Grundriß einer allgemeinen Theorie*, Frankfurt/Main: Suhrkamp.

Luhmann, Niklas (1995a): »Kausalität im Süden«. In: *Soziale Systeme* 1, S. 7-28.

Luhmann, Niklas (1995b): »Inklusion und Exklusion«. In: *Soziologische Aufklärung 6*, Opladen: Westdeutscher Verlag, S. 237-264.

Luhmann, Niklas (1995c): »Die Form ›Person‹«. In: *Soziologische Aufklärung 6*, Opladen: Westdeutscher Verlag, S. 142-154.

Luhmann, Niklas (1996): *Protest. Systemtheorie und soziale Bewegungen*, Frankfurt/Main: Suhrkamp.

Luhmann, Niklas (1997): *Die Gesellschaft der Gesellschaft*, 2 Bde., Frankfurt/Main: Suhrkamp.

Luhmann, Niklas (2000 [1968]): *Vertrauen. Ein Mechanismus der Reduktion sozialer Komplexität*, Stuttgart: Lucius & Lucius (4. Aufl.).

Lundberg, Craig C. (1975): »Patterns of Acquaintanceship in Society and Complex Organization. A Comparative Study of the Small World Problem«. In: *Pacific Sociological Review* 18, S. 206-222.

MacDonald, John/MacDonald, Leatrice (1974): »Chain Migration, Ethnic Neighborhood Formation, and Social Networks«. In: Charles Tilly (Hg.), *An Urban World*, Boston: Little, Brown, S. 226-236.

Mauss, Marcel (1989 [1925]): »Die Gabe. Form und Funktion des Austausch in archaischen Gesellschaften«. In: *Soziologie und Anthropologie*, Bd. 2, Frankfurt/Main: Fischer, S. 9-144.

Merton, Robert K. (1957): *Social Theory and Social Structure*, Glencoe: Free Press (2. Aufl.).

Merton, Robert K. (1968): »The Matthew Effect in Science«. In: *Science* 159, S. 56-63.

Milgram, Stanley (1967): »The Small-World Problem«. In: *Psychology Today* 1/1, S. 60-67.

Mintz, Beth A./Schwartz, Michael (1985): *The Power Structure of American Business*, Chicago: The University of Chicago Press.

Mische, Ann/White, Harrison C. (1998): »Between Conversation and Situation: Public Switching Dynamics Across Network Domains«. In: *Social Research* 65/3, S. 695-724.

Mitchell, J. Clyde (1969): »The Concept and Use of Networks«. In: J. Clyde Mitchell (Hg.), *Social Networks in Urban Situations*, Manchester: Manchester University Press, S. 1-50.

Moreno, Jacob Levy (1934): *Who Shall Survive? Foundations of Sociometry, Group Psychotherapy, and Sociodrama*, Washington, DC: Nervous and Mental Disease Publishing Co. (Reprint 1953, Beacon/NY: Beacon House).

Nadel, Siegfried F. (1957): *The Theory of Social Structure*, London: Cohen & West.

Newcomb, Theodore M. (1961): *The Acquaintance Process*, New York: Holt, Rinehart and Winston.

Newman, Mark E.J. (2003): »The Structure and Function of Complex Networks«. In: *SIAM Review* 45/2, S. 167-256.

Nye, Joseph S. (1967): »Corruption and Political Development. A Cost-Benefit Analysis«. In: *American Political Science Review* 61, S. 417-427.

Paine, Robert (1969): »In Search of Friendship. An Exploratory Analysis in ›Middle-Class‹ Culture«. In: *Man, n.s.* 4/4, S. 505-524.

Parsons, Talcott (1959): »The School Class as a Social System. Some of Its Functions in American Society«. In: *Harvard Educational Review* 29 (Fall), S. 297-318.

Portes, Alejandro (1998): »Social Capital: Its Origins and Applications in Modern Sociology«. In: *Annual Review of Sociology* 24, S. 1-24.

Powell, Walter W. (1991): »Neither Market nor Hierarchy: Networks Forms of Organization«. In: Grahame Thompson/Jennifer Frances/Rosalind Levacic/Jeremy Mitchell (Hg.), *Markets, Hierarchies and Networks. The Coordination of Social Life*, London: Sage, S. 265-276.

Putnam, Robert D. (1993): *Making Democracy Work*, Princeton/NJ: Princeton University Press.

Putnam, Robert D. (2000): *Bowling Alone: The Collapse and Revival of American Community*, New York: Simon & Schuster.

Radcliffe-Brown, Alfred R. (1940): »On Social Structure«. In: *Journal of the Royal Anthropological Society of Great Britain and Ireland* 70, S. 1-12.

Rapoport, Anatol (1957): »Contribution to the Theory of Random and Biased Nets«. In: *Bulletin of Mathematical Biology* 19, S. 257-277.

Rapoport, Anatol/Horvath, William J. (1961): »A Study of a Large Sociogram«. In: *Behavioral Science* 5, S. 279-291.

Robertson, Roland (1992): *Globalization. Social Theory and Global Culture*, London: Sage.

Rose, Richard (1998): *Getting Things Done in an Anti-Modern Society: Social Capital Networks in Russia (Social Capital Initiative Working Paper No. 6)*, Washington, DC: World Bank – Social Development Department. Online: http://www.worldbank.org/socialdevelopment.

Schmitz, Winfried (2004): *Nachbarschaft und Dorfgemeinschaft im archaischen und klassischen Griechenland*, Berlin: Akademie Verlag.

Scott, James C. (1969): »The Analysis of Corruption in Developing Nations«. In: *Comparative Studies in Society and History* 11/3, S. 315-341.

Scott, John (1991): *Social Network Analysis: A Handbook*, London: Sage.

Simmel, Georg (1958 [1908]): *Soziologie. Untersuchungen über die Formen der Vergesellschaftung*, Leipzig: Duncker & Humblot (4. Aufl.).

Simmel, Georg (1989 [1890]): »Über sociale Differenzierung«. In: *Aufsätze 1887-1890 (Gesamtausgabe Band 2)*, Frankfurt/Main: Suhrkamp, S. 109-296.

Smelser, Neil J. (1985): »Stabilität, Instabilität und die Analyse der politischen Korruption«. In: Christian Fleck/Helmut Kuzmics (Hg.), *Korruption. Zur Soziologie nicht immer abweichenden Verhaltens*, Königstein/Ts.: Athenäum, S. 202-228.

Stegbauer, Christian (2002): *Reziprozität. Einführung in soziale Formen der Gegenseitigkeit*, Wiesbaden: Westdeutscher Verlag.

Stevenson, William B./Davidson, Barbara/Manev, Ivan/Walsh, Kate (1997): »The Small World of the University. A Classroom Exercise in the Study of Networks«. In: *Connections* 20/2, S. 23-33. Online: http://www.analytictech.com/connections/v20(2)/smallworld.htm.

Stichweh, Rudolf (2000): *Die Weltgesellschaft. Soziologische Analysen*, Frankfurt/Main: Suhrkamp.

Stinchcombe, Arthur L. (1993): »Review of Harrison White, Identity and Control: A Structural Theory of Social Action«. In: *European Sociological Review* 9/3, S. 333-336.

Strang, David/Meyer, John W. (1993): »Institutional Conditions for Diffusion«. In: *Theory and Society* 22, S. 487-511.

Strauss, Anselm L./Schatzmann, Leonard/Ehrlich, Danuta/Bucher, Rue/Sabshin, Melvin (1963): »The Hospital and Its Negotiated Order«. In: Eliot Freidson (Hg.), *The Hospital in Modern Society*, New York: Free Press, S. 147-169.

Strogatz, Steven H. (2003): »Exploring Complex Networks«. In: *Nature* 410, S. 268-276.

Tacke, Veronika (2000): »Netzwerk und Adresse«. In: *Soziale Systeme* 6/2, S. 291-320.

Teubner, Gunther (1993): »The Many-Headed Hydra: Networks as Higher-Order Collective Actors«. In: *Corporate Control and Accountability. Changing Structures and the Dynamics of Regulation*, Oxford: Clarendon Press, S. 41-60.

Trappmann, Mark/Hummell, Hans J./Sodeur, Wolfgang (2005): *Strukturanalyse sozialer Netzwerke. Konzepte, Modelle, Methoden*, Wiesbaden: VS Verlag für Sozialwissenschaften.

Travers, Jeffrey/Milgram, Stanley (1969): »An Experimental Study of the Small World Problem«. In: *Sociometry* 32, S. 425-443.

Tyrell, Hartmann (1983): »Zwischen Interaktion und Organisation I: Gruppe als Systemtyp«. In: Friedhelm Neidhardt (Hg.), *Gruppensoziologie (Sonderband 25 der Kölner Zeitschrift für Soziologie und Sozialpsychologie)*, Opladen: Westdeutscher Verlag, S. 75-87.

Urry, John (2004): »Small Worlds and the New ›Social Physics‹«. In: *Global Networks* 4/2, S. 109-130.

Uzzi, Brian (1996): »The Sources and Consequences of Embeddedness for the Economic Performance of Organizations: the Network Effect«. In: *American Sociological Review* 61/4, S. 674-698.

Valente, Thomas W. (1995): *Network Models of the Diffusion of Innovations*, Cresskill/NY: Hampton Press.

Wasserman, Stanley/Faust, Katherine (1994): *Social Network Analysis: Methods and Applications*, Cambridge: Cambridge University Press.

Watts, Duncan J. (1999a): *Small Worlds. The Dynamics of Networks between Order and Randomness*, Princeton: Princeton University Press.

Watts, Duncan J. (1999b): »Networks, Dynamics, and the Small-World Phenomenon«. In: *American Journal of Sociology* 105/2, S. 493-527.

Watts, Duncan J. (2003): *Six Degrees. The Science of a Connected Age*, New York: W.W. Norton & Company.

Watts, Duncan J. (2004): »The ›New‹ Science of Networks«. In: *Annual Review of Sociology* 30, S. 243-270.

Watts, Duncan J./Strogatz, Steven H. (1998): »Collective Dynamics of ›Small-World‹ Networks«. In: *Nature* 393/4, S. 440-442.

Weber, Max (1980): *Wirtschaft und Gesellschaft. Grundriß der verstehenden Soziologie (orig. 1921-1922)*, Tübingen: J.C.B. Mohr (Paul Siebeck) (5. Aufl.).

Wellman, Barry (1988): »Structural Analysis. From Method and Metaphor to Theory and Substance«. In: Barry Wellmann/S.D. Berkowitz (Hg.), *Social Structures: A Network Approach*, Cambridge: Cambridge University Press, S. 19-61.

White, Harrison C. (1963a): *An Anatomy of Kinship. Mathematical Models for Structures of Cumulated Roles*, Englewood Cliffs/NJ: Prentice Hall.

White, Harrison C. (1963b): »Uses of Mathematics in Sociology«. In: James Clyde Charlesworth (Hg.), *Mathematics and the Social Sciences*, Philadelphia: American Academy of Political and Social Science, S. 77-94.

White, Harrison C. (1970): *Chains of Opportunity. System Models of Mobility in Organizations*, Cambridge/MA: Harvard University Press.

White, Harrison C. (1981): »Where Do Markets Come from?«. In: *American Journal of Sociology* 87/3, S. 517-547.

White, Harrison C. (1992): *Identity and Control. A Structural Theory of Social Action*, Princeton/NJ: Princeton University Press.

White, Harrison C. (1993): *Careers and Creativity: Social Forces in the Arts*, Boulder/CO: Westview Press.

White, Harrison C. (1995): »Network Switchings and Bayesian Forks: Reconstructing the Social and Behavioral Sciences«. In: *Social Research* 62/4, S. 1035-1063.

White, Harrison C. (2002): *Markets from Networks. Socioeconomic Models of Production*, Princeton: Princeton University Press.

White, Harrison C. (2005): *Identity and Control. A Structural Theory of Social Action (Manuskript der revidierten 2. Aufl.)*, Princeton/NJ: Princeton University Press (erscheint 2006).

White, Harrison C./Boorman, Scott A./Breiger, Ronald L. (1976): »Social Structure from Multiple Networks: I. Blockmodels of Roles and Positions«. In: *American Journal of Sociology* 81/4, S. 730-780.

Wiese, Leopold von (1954): *Soziologie. Geschichte und Hauptprobleme*, Berlin: de Gruyter.

Windeler, Arnold (2001): *Unternehmensnetzwerke. Konstitution und Strukturation*, Opladen: Westdeutscher Verlag.

Wraith, Ronald/Simpkins, Edgar (1963): *Corruption in Developing Countries*, London: Allen & Unwin.

Yan, Yunxiang (1996): *The Flow of Gifts: Reciprocity and Social Networks in a Chinese Village*, Stanford/CA: Stanford University Press.

Yang, Mayfair Mei-Hui (1994): *Gifts, Favors and Banquets: The Art of Social Relationships in China*, Ithaca/NY: Cornell University Press.

Abbildungsverzeichnis

Einsichten. Themen der Soziologie

Raj Kollmorgen
Gesellschaftstransformation
Dezember 2006, ca. 120 Seiten,
kart., ca. 12,00 €,
ISBN: 3-89942-492-1

Andreas Ziemann
Soziologie der Medien
September 2006, ca. 130 Seiten,
kart., ca. 12,50 €,
ISBN: 3-89942-559-6

Boris Holzer
Netzwerke
September 2006, 130 Seiten,
kart., 12,50 €,
ISBN: 3-89942-365-8

Matthias Groß
Natur
September 2006, 142 Seiten,
kart., 13,00 €,
ISBN: 3-89942-340-2

Dirk Baecker
Wirtschaftssoziologie
Mai 2006, 188 Seiten,
kart., 15,00 €,
ISBN: 3-933127-36-X

Helmut Willke
Global Governance
Februar 2006, 152 Seiten,
kart., 13,50 €,
ISBN: 3-89942-457-3

Raimund Hasse, Georg Krücken
Neo-Institutionalismus
(2., komplett überarbeitete
Auflage)
2005, 136 Seiten,
kart., 13,50 €,
ISBN: 3-933127-28-9

Holger Braun-Thürmann
Innovation
2005, 118 Seiten,
kart., 11,50 €,
ISBN: 3-89942-291-0

Robert Gugutzer
Soziologie des Körpers
2004, 218 Seiten,
kart., 14,80 €,
ISBN: 3-89942-244-9

Rolf Eickelpasch,
Claudia Rademacher
Identität
2004, 138 Seiten,
kart., 12,00 €,
ISBN: 3-89942-242-2

Gabriele Abels, Alfons Bora
**Demokratische
Technikbewertung**
2004, 142 Seiten,
kart., 12,80 €,
ISBN: 3-89942-188-4

Frank Eckardt
Soziologie der Stadt
2004, 132 Seiten,
kart., 12,00 €,
ISBN: 3-89942-145-0

Stefan Kühl
**Arbeits- und Industrie-
soziologie**
2004, 182 Seiten,
kart., 13,80 €,
ISBN: 3-89942-189-2

Rainer Schützeichel
Historische Soziologie
2004, 142 Seiten,
kart., 12,80 €,
ISBN: 3-89942-190-6

**Leseproben und weitere Informationen finden Sie unter:
www.transcript-verlag.de**

Einsichten. Themen der Soziologie

Hannelore Bublitz
Diskurs

2003, 122 Seiten,
kart., 11,50 €,
ISBN: 3-89942-128-0

Ansgar Thiel
Soziale Konflikte

2003, 102 Seiten,
kart., 10,50 €,
ISBN: 3-933127-21-1

Peter Weingart
Wissenschaftssoziologie

2003, 172 Seiten,
kart., 13,80 €,
ISBN: 3-933127-37-8

Beate Krais, Gunter Gebauer
Habitus

2002, 94 Seiten,
kart., 10,50 €,
ISBN: 3-933127-17-3

Thomas Kurtz
Berufssoziologie

2002, 92 Seiten,
kart., 10,50 €,
ISBN: 3-933127-50-5

Jörg Dürrschmidt
Globalisierung

2002, 132 Seiten,
kart., 12,00 €,
ISBN: 3-933127-10-6

Stefanie Eifler
Kriminalsoziologie

2002, 108 Seiten,
kart., 10,50 €,
ISBN: 3-933127-62-9

Martin Endreß
Vertrauen

2002, 110 Seiten,
kart., 10,50 €,
ISBN: 3-933127-78-5

Paul B. Hill
Rational-Choice-Theorie

2002, 92 Seiten,
kart., 9,50 €,
ISBN: 3-933127-30-0

transcript Verlag (Hg.)
**CD-ROM Einsichten –
Vielsichten**
Lesewege und Interviews zu
Themen der Soziologie

2001, 150 Seiten,
CD, 2,50 €,
ISBN: 3-933127-79-3

Gunnar Stollberg
Medizinsoziologie

2001, 100 Seiten,
kart., 10,50 €,
ISBN: 3-933127-26-2

Ludger Pries
Internationale Migration

2001, 84 Seiten,
kart., 9,50 €,
ISBN: 3-933127-27-0

Urs Stäheli
**Poststrukturalistische
Soziologien**

2000, 88 Seiten,
kart., 10,50 €,
ISBN: 3-933127-11-4

Theresa Wobbe
Weltgesellschaft

2000, 100 Seiten,
kart., 10,50 €,
ISBN: 3-933127-13-0

Klaus Peter Japp
Risiko

2000, 128 Seiten,
kart., 12,00 €,
ISBN: 3-933127-12-2

**Leseproben und weitere Informationen finden Sie unter:
www.transcript-verlag.de**

Einsichten. Themen der Soziologie

Sabine Maasen
Wissenssoziologie

1999, 94 Seiten,
kart., 10,50 €,
ISBN: 3-933127-08-4

Volkhard Krech
Religionssoziologie

1999, 100 Seiten,
kart., 10,50 €,
ISBN: 3-933127-07-6

Uwe Schimank, Ute Volkmann
**Gesellschaftliche
Differenzierung**

1999, 60 Seiten,
kart., 9,00 €,
ISBN: 3-933127-06-8